PIVI
| |

Traudel Thalheim

Götter, Wodka und Piraten

Tagebuch einer Weltreise

Plöttner Verlag

LEIPZIG LONDON

Bibliografische Informationen der Deutschen Nationalbibliothek:
Die Deutsche Bibliothek verzeichnet diese Publikation in der Deutschen
Nationalbibliografie; detaillierte bibliografische Daten sind im Internet über
www.d-nb.de abrufbar.

Alle Rechte der deutschen Ausgabe
© 2011 Plöttner Verlag GmbH & Co. KG, Leipzig London

2. Auflage
ISBN 978-3-86211-051-3

Satz & Layout: Hagen Schied
Einbandgestaltung: Hagen Schied
Druck: Inprint GmbH Erlangen

www.ploettner-verlag.de

Inhaltsverzeichnis

Mein Blick zum Reisen, über Freud und Leid, Sinn und Unsinn des Unterwegssein: Ich sage das so, weil ich viele Jahrzehnte durch die Welt gerannt bin, voller Unruhe, Neugier, Bildungshunger, auch als Ge- und Vertriebener. Als Fünfzehnjähriger schwang ich mich aufs Fahrrad, fuhr von Oberschlesien nach Berlin, um dort einen Bombenangriff zu erleben. Welcher Unsinn! Aber die Jugendlichen heute suchen auf andere Art ihren Kick, ob beim S-Bahn-Surfen, Schlägereien mit der Polizei oder der Love-Parade. Ohne die Rastlosigkeit wären meine Bücher nicht entstanden. TOD AM MEER gäbe es nicht ohne Bulgarien, DAS VERSCHENKTE WEINEN nicht ohne die Flussfahrt auf dem Irtysch, REISE NACH BEIRUT nicht ohne das Abenteuer Libanon. Dem menschlichen Charakter ist es gegeben, unterwegs zu sein.

Jeder tut es auf seine Weise und es wäre Unsinn, seine Art, die Welt zu erkunden, dem anderen aufzudrängen. Der englische Schriftsteller Laurence Sterne spricht schon im achtzehnten Jahrhundert von den neugierigen Reisenden, den lügenden, den aufgeblasenen, den eitlen, den milzsüchtigen (sie sitzen zumeist in der Kneipe oder an der Bar), den unglücklichen, oder den simplen. Es gibt auch die Besessenen. Sie haben auf ein Blatt geschrieben, was sie alles sehen müssen. Louvre – abhaken, Petersdom – abhaken, Empire State Building – abhaken. Diese Leute schlafen in zehn Tagen in neun Hotels und nachts ärgern sie sich im Traum über alles, was ihnen entgangen ist. Einmal reiste ich auf einem Frachter mehrere Monate gemeinsam mit einem englischen Ehepaar um Indien, Sri Lanka, Pakistan und Bangladesch. Das Ehepaar Steers brachte bereits 12 Jahre mit unausgesetzten Reisen zu. Sie besaßen keine Wohnung, nur ein Wohnmobil, das sie bei Freunden unterstellten, wenn sie ein Schiff bestiegen. Oft stritten sie, wo sie was erlebt hatten, verwechselten Mexiko mit Kuba, Iran mit dem Irak, Marokko mit Algerien und fanden erst wieder Ruhe, wenn Mister Steers in seinem großen Packen Tagebücher nachgelesen hatte.

Was ich während meiner Fahrten durch die Kontinente gelernt habe, ist die Wahrheit des Satzes: Verweilen statt Eilen. Ich habe sehr viele karibische Inseln besucht, aber wo ich mit dem U-Boot getaucht bin, wo mich ein Riesen-Manta in den Hintern gezwickt hat, wo ich an einem Wasserfall hochgeklettert bin, weiß ich nicht mehr. Dagegen ist mir ein Nachmittag in Madeira in Erinnerung geblieben, an dem ich nichts anderes tat, als durch die Stadt zu bummeln, vor einem Kaffee zu sitzen, süßen Wein zu trinken und mir das Treiben der Menschen anzusehen. Auch Heines Grab auf dem Montmartre kann ich nicht vergessen. Irgendjemand hatte zwischen die Blumen einen Zettel gelegt. Auf dem standen mit Bleistift hingekritzelt die Verse:

»*Und da liegt der alte Heine,*
fern der Wüste, fern dem Sand
kam zur Ruhe nicht am Rheine
war zu rot fürs Vaterland.«

In New York haben mir einige Mitreisende vorgehalten, dass ich nicht in der »MoMA« war, auch nicht im Metropolitan-Museum. Denen konnte ich nur antworten: »In Paris ging ich in den Louvre, nur um mir die Mona Lisa anzusehen und den antiken Diskuswerfer. Für alles andere hatte ich keinen Blick. Das Schlendern auf der Fifth Avenue in New York, das Sitzen dort auf einer Bank, war mir bei meinem erschöpften Zustand wichtiger, als die »MoMA«. Goethe schrieb an Herder: »Man reist ja nicht um anzukommen, sondern um zu reisen.« Wem die Argumente ausgehen, zitiert Goethe. Er liegt damit eigentlich zumeist richtig. Aber noch mehr als mit Goethe, halte ich es mit den Chinesen. Sie sagen: »Ob du eilst oder langsam gehst, der Weg vor dir bleibt doch derselbe.«

Mir sind während der Reisen Menschen begegnet, die klagten unausgesetzt über das viele Geld, das sie in Venedig, Nizza, London oder sonst wo ausgeben müssten. Dabei kaufen sie in den Souvenirläden jeden Plunder, der ihnen angedreht wird. Diese Leute sollten zu Haus bleiben und zum Penny Markt gehen oder zu Norma. Wer reist, muss seinen Kummer zurücklassen. Er muss vergessen können, sich der Stunde freuen und des Neuen, das er erlebt. Der Missmut daheim läuft ihm bestimmt nicht weg. Aber er wird ihm nach seiner Rückkehr anders begegnen. Janosch, der wie ich in Hindenburg geboren ist, dieselbe Schule besuchte und denselben Beichtvater hatte, schrieb die schöne Geschichte vom kleinen Tiger und vom kleinen Bär. Ihre Sehnsucht ist Panama, und jeden Tag rufen sie: »Oh, wie schön ist Panama«. Eines Tages ziehen sie los. Immer begleitet sie der Ruf: «Oh, wie schön ist Panama«. Aber sie kommen nie an. Der Kreis schließt sich, und am Ende sind sie wieder zu Hause. Aber es ist ein anderes zu Hause, schön wie Panama. Darin liegt eigentlich der Sinn allen Reisens: Den Blick für Dinge kriegen, die man bisher nicht gesehen hatte, obwohl sie doch ganz nah waren.

Übrigens, ich habe aufgehört, während meiner Reisen zu fotografieren. Das wird manchen erschrecken. Aber ich habe zu Hause hunderte von Dias und auch Videos aus aller Herren Länder. Ich habe sie alle meinem Archiv in der Stadtbibliothek überlassen. Haben Sie schon einmal über den Horror nachgedacht, den Sie ihrem Besucher zumuten, wenn sie ihm ihre Reisefotos aufdrängen? Die armen Leute müssen sich interessiert zeigen, weil sie höflich sind. Es gibt den schönen Witz, wo ein Mann mit dem Fotoapparat in der Hand seiner Frau ärgerlich zuruft: Trödle doch nicht, das alles kannst du dir zu Hause auf den Fotos angucken.

Ja, das alles geschieht. Wir wären nicht das, was wir sind ohne Reisen, ob wir nun Schwätzertouristen sind, Watschelfüßler oder Feststeller, die mit dem Reisebuch durch die fremde Stadt rennen und wild werden, wenn das Beschriebene anders ist als das, was sie in der Realität feststellen. Da ich jetzt in Sachsen lebe, will ich mit den Worten des Freiherrn von Wolzogen schließen:

»Die meisten Deutschen sind aus Sachsen
Das merkt der Mensch auf Reisen schnell: aus Chemnitz,
wo die Strümpfe wachsen
aus Dresden, wo sie höllisch hell, aus Leipzig,
wo sie egal drucken
der Sachse kriegt den Kram nicht satt
und alles muss er sich begucken
was auf der Welt zwei Sternchen hat …
Ob dich die höchsten Gipfel grüßen
zieht es dich zur Wüste hin
liegt dir ein Paradies zu Füßen
ein Sachse liegt schon mittendrin!«

Für die nächste Reise wünsche ich Gelassenheit, Gelassenheit. Denken Sie an Janosch: »Oh, wie schön ist Panama«! Und den Männern rate ich, Nachsicht mit ihrer Frau zu haben. Die will in jeder Boutique etwas anfassen und für Sie ein Hemd oder einen Pullover kaufen. Das Geschenk wird ungenutzt zwei oder drei Jahre im Schrank hängen, aber am Ende tragen Sie es doch. Und noch eins sollten Sie bedenken: Jede große Reise beginnt mit einem kleinen Schritt.

W. Heiduczek

Oktober 2011

Nicht mehr – so kurz vor der Abreise – typisch oder? Dabei hatte alles so gut angefangen. Wir hatten beschlossen, als Höhepunkt unseres »zweiten« gemeinsamen Lebens auf Weltreise zu gehen. Bald hatten wir alles in Sack und Tüten und rutschten mit dem Finger über den Globus, träumten von Madeira, der Insel, auf der wir gern Wein trinken, von der Karibik, Mexiko, Bora Bora, den anderen Inseln der Südsee, von Sydney, Hongkong, Singapur… Jedoch: Je näher die 124 Tage kommen, um so mehr schwindet die Euphorie, zumal wir öfters hören müssen: Habt ihr euch das auch gut überlegt, immerhin seid ihr keine fünfzig mehr, oder: So lange Zeit, wenn was passiert… Nun können wir nicht mehr zurück. Die Koffer sind schon auf Reisen. Feine Sache, so ein Gepäckdienst. Jetzt ist es früh 8.30 Uhr. Montag, der 29. November 2010. Über Nacht kam der Winter, bescherte eisige Temperaturen und starken Flockenwirbel. So, als wolle er uns zum Abschied eine Sondervorstellung geben. Fast in weiß gehüllt, stehen wir startbereit, Gewehr bei Fuß, wie man so sagt. Aber der PKW-Fahrer, der uns zum Hermsdorfer Kreuz bringen soll, ist nicht in Sicht. Es stimmt schon, dass durch den Schnee überall Staus entstehen. Aber Unzuverlässigkeit schon zu Beginn unserer Entdeckertour – ein schlechtes Omen? Dann endlich kommt er mit einem Redeschwall voller Entschuldigungen. Unser Handgepäck ist schnell verstaut und los geht's.

Das kann ja heiter werden. Die ersten Autos grüßen auf der Autobahn aus dem Straßengraben. Zwei junge Burschen im Sommerlook fummeln an ihrem Vehikel herum, winken… Doch wir müssen weiter. Eis und Schnee zwingen zu Tempo 30. Per Handy kündigen wir dem Busfahrer die Verspätung an. Ich rede und rede, was, weiß ich nicht mehr, nur um meine Unruhe zu verbergen. Später dann im Bus fällt alles von mir. Ich genieße den warmen Kaffee, die anheimelnde Atmosphäre. Werner Heiduczek, mein Partner, nimmt mich in den Arm, sagt: »Jetzt wird alles gut.« Mir wird warm ums Herz, ein Glücksgefühl erfasst alle meine Glieder… Und dabei hatte ich anfangs mit ihm nichts im Sinn. Ich kannte einige seiner Bücher. Zum ersten Mal war ich ihm in einem Fernsehstudio begegnet. Ich verfolgte den Dialog zwischen Schriftsteller Werner Heiduczek und dem Filmregisseur Frank Beyer über die filmische Umsetzung seiner deutsch-deutschen Geschichte, die von einem Schauermann aus Hamburg und einer Bergmannswitwe aus dem Sächsischen erzählt. Als letzter Film der DEFA, 1990 abgedreht, in der Hauptrolle mit Angelika Domröse, läuft er unter dem Titel Die Verfehlung fast alljährlich in einigen Fernsehsendern um den 3. Oktober herum. Das wäre auch ein Stoff für meine Kolumne. »Hätten Sie gelegentlich Zeit für ein Interview?«, hatte ich W. in einer Pause gefragt. Mir schien seine Antwort: »Rufen Sie mich an«, sehr arrogant und noch dazu uninteressiert, so dass ich mir sagte, ne Traudel, ihn kannste für deine Kolumne vergessen. Durch Zufall liefen wir uns Wochen später wieder über den Weg. Ich lud ihn zu mir zum Kaffee ein. Es kam die Rede auch auf unsere Partner, die beide im gleichen Jahr an der gleichen Krankheit verstorben waren, darauf, dass allein leben ganz schön, aber auch tückisch sein kann… Das permanente Klingeln meines Telefons machte mich zunehmend nervöser, so dass sich W. bald verabschiedete. »Das ist ja schlimmer als in einem Großraumbüro. So könnte ich nie leben«, konstatierte er und wünschte mir alles Glück dieser Welt…

Reifen quietschen, »verdammt, ist der verrückt«, empört sich der Busfahrer über den Porschefahrer, der bei dem Blitzeis überholt, ins Schleudern gerät, wieder Gas gibt. W. nimmt meine Hand. »Keine Angst, ist ja nichts passiert«, sagt er. Ich erzähle ihm von meinem gedanklichen Ausflug unseres Kennenlernens. Er lächelt in sich hinein.

Ich krame in meiner Tasche nach dem Handy. Wir sind bald in Österreich. Ich hatte meiner Tochter Heidi versprochen, sie vor der Grenze noch einmal anzurufen, um ihr zu sagen, wie gut es uns geht.

Im österreichischen Feldkirch, im Hotel Holiday Inn wartet nach zehn Stunden Fahrt ein Bett auf uns. Endlich alle Fünfe grade sein lassen…

Abschiedsparty fällt ins Wasser

30. November

Sachsen im Schnee, Bayern im Wetterchaos, der San Bernadino bietet frühlingshaftes Wetter. Die Fahrt durch schweizerische, italienische Lande, am Mittelmeer entlang, ist kurzweilig. »Dort irgendwo muss Monaco liegen. Schade, dass ich dem Fürsten nicht begegnet bin«, ulkt eine Berlinerin rechts von mir. Sie habe schon mehrere Weltreisen gemacht. »Wunderbar, man braucht keine Heizung, ist versorgt und sieht etwas. Besser kann's einem doch gar nicht gehen«, meint sie. Zwei andere Frauen drängen auf eine Raucherpause. Ein älteres Pärchen, fest umschlungen, schläft dem Schiff entgegen. Der Bus rollt und rollt. Stau in den Straßen von Nizza. Unser Blick gilt dem Hafengelände – plötzlich liegt es vor uns, *das Schiff*, die weiß-blaue Lady. Stewardessen in Reih und Glied, hübsch anzusehen, gehen den Passagieren zur Hand. Uns nimmt der Concierge, was so viel heißt wie Mädchen für alles, in Empfang. Er sei in Leipzig zu Hause, erzählt er, während er uns zur Kabine begleitet. In die 101 mit Weitblick aufs Meer. Auf dem Tisch Champagner, exotische Blumen. Wir lassen unser Handgepäck fallen, machen eine Pause… Dann legen wir los, verstauen die viel zu viel mitgebrachten Sachen. Ein erstes Abendessen, hier und da Hallo, schließlich treffen wir bekannte Gesichter wie den Hotelchef Larry Jackson. Wir haben ihn auf anderen Reisen als sehr umsichtigen, tollen Typen kennengelernt, der sein Handwerk aus dem Effeff beherrscht und weiß, was Passagiere auch lukullisch lieben. In Kapstadt, als Sohn britischer Eltern geboren, ist er noch heute in Südafrika zu Hause. Das hatte ich in einem Reisebericht nach unserer Afrikaumrundung meinen Lesern erzählt. Wie ich höre, hat sich daran nichts geändert.

20 Uhr soll der Anker gelichtet werden. Daraus wird nichts. Noch fehlen an die 50 Fluggäste. Chaos allerorts – Flughäfen dicht, Autobahnen zu, Schnee und Kälte haben Europa fest im Griff. Gegen Mitternacht wird der »Blaue Peter« eingeholt. Das ist die Flagge, die gehisst wird als Zeichen, dass das Schiff innerhalb von 24 Stunden in See sticht. Das Abschiedslied und das Gläschen Sekt fallen ins Wasser, und so geht es ohne Pauken und Trompeten auf Große Fahrt.

Gala am Kapitänstisch

1. Dezember

Die erste Nacht an Bord voller Träume, voller Schaukeleien liegt hinter uns. Die See ist stürmisch. Da wir direkt unter der Brücke unser Domizil haben, gibt's immer mal wieder einen deftigen Schwapp Meereswasser an unsere Fensterfront. W. ist als alter Seebär – er war vor dreißig Jahren ein halbes Jahr mit einem Handelsschiff bis Indien unterwegs – natürlich nicht seekrank. Ich werde es in der Regel auch nicht – aber diese erste Nacht machte mir zu schaffen. Auch ans Schaukeln muss ich mich erst wieder gewöhnen. Einladungen werden unter der Tür durchgesteckt – heute abend Gala am Kapitänstisch. Wir packen weiter unsere Sachen aus, machen ein Nickerchen, gehen zum Nachmittagskaffee, lassen die Offiziersvorstellung sausen und putzen uns für die Gala heraus. Ich hatte für W. das Frackhemd, auch eine Fliege, eingepackt. So sieht er im schwarzen Anzug ganz schnieke aus. Nach Champagnerempfang gehts zum festlichen Dinner am Kapitänstisch ins Waldorf Restaurant. Ganz nach Protokoll mit Vorstellung, Fotoaufnahmen, Trinksprüchen… Mit am Tisch ein junges Pärchen aus Bremen. Sie haben die Weltreise bei BILD gewonnen. Später dann, in der Lounge, schauen wir uns noch die Willkommens-Revue an – während das Schiff weiter durch das nächtliche, aufgewühlte, Meer stampft.

Repeater und Angst vor Schwimmweste unbegründet

2. Dezember

Zu Hause sind 20 Grad minus – hier wird es langsam wärmer. Noch ist Gibraltar nicht in Sicht. Dafür zeigt sich der Himmel von der besseren Seite. Nur das Meer hat sich noch nicht beruhigt. Wir unternehmen einen Schiffsrundgang. Erstaunlich, wie standfest Passagiere sind. Sie bevölkern das Promenadendeck. Auch im Kartenspielzimmer ist was los bei 18, 20… In der Lounge steigt ein Tanzkurs. Seide bemalen, Englisch, Spanisch oder Russisch lernen, auf dem Sportdeck Tischtennis oder Volleyball spielen, zum Gehirnjogging gehen, Bingo rufen… Da sage noch einer, eine Kreuzfahrt sei langweilig.

Seenotrettungsübung. Pflicht für alle Passagiere. Der erfahrene Kreuzfahrer weiß, wie die Rettungsweste korrekt anzulegen ist, hat sich über seine Sammelstation informiert, kennt die Signale, weiß, warum die Übung zu Beginn der Reise notwendig ist. Eine ältere Frau neben mir schaut ängstlich in die Runde.

»Ist das Schiff etwa nicht sicher?« Ein Herr versucht, sie zu beruhigen. »Ich liebe diese Urlaubsform. 560 Tage habe ich auf Schiffen schon verbracht. Nirgends fühle ich mich so geborgen wie auf einem Kreuzfahrtschiff«, sagt er. »Sicherheit an Bord ist das Wichtigste. Man muss als Passagier wissen, wie man sich in einem Ernstfall zu verhalten hat, und statistisch gesehen ist man an Bord viel sicherer als im Straßenverkehr.« Immer noch ängstlich dreinschauend, sagt sie: »Wenn ich das vorher gewusst hätte, hätte ich die Reise nicht gebucht...« Wochen später sitzen wir beim Abendbrot am gleichen Tisch. »Ich bin bekloppt, solche Angst am Anfang, dabei ist doch Schifffahren herrlich. Finden Sie nicht auch?«

Sto Gramm oder Tabletten gegen Seekrankheit?

»Der Humor ist keine Frage des Geistes. Er ist eine Gabe des Herzens«, lautet das Motto des morgigen Programms. Es liegt stets am Abend zuvor, versehen mit einem Leckerli, in der Kabine. Wir werden uns den Vortrag über Madeira anhören. Dieser Insel wird nachgesagt, sie habe den ewigen Frühling gepachtet. Von Frühlingsgefühlen ist auf dem Schiff momentan weniger die Rede. Mehr davon, was man gegen die Seekrankheit tun könne, denn einige hat's nun doch ganz schön erwischt. »Mir hilft Sto Gramm«, versichert der einstige U-Bootfahrer. Andere geben den Rat, sich in die Koje zu legen. An der Rezeption wird empfohlen, zum Bordarzt zu gehen. Er habe gute Tabletten, und wenn das nicht helfe, helfe eine Spritze. Ein Glück, dass wir nicht zu den Betroffenen gehören.

Gegen Abend klopft Kreuzfahrtdirektorin Romana Calvetti an unsere Kabinentür. Ich hatte sie um ihren Besuch gebeten. Wir erlebten auf unseren Schiffsreisen schon etliche Kreuzfahrtdirektoren, aber so eine wie sie noch nie. Tag und Nacht im Dienst, so scheint es. Sie moderiert, singt, ist geduldige Zuhörerin, lehrt Spanisch und Englisch, informiert von der Brücke über Wetter und Schiffspositionen, gründet und leitet den Gästechor und und und. Ob im Restaurant, in den Gesellschaftsräumen, an Deck, immer und immer wieder begegnet man der zierlichen, charmanten Person, während andere im gleichen Job, das ist unsere Erfahrung, möglichst den Passagieren aus dem Weg gehen. Sicher, ein Kreuzfahrtdirektor ist mit seinem Team von Reiseleitern, Ausflugsexperten, Animateuren fürs Wohlfühlen der Passagiere zuständig. Warum setzt sie eins drauf? Sie lacht, bedankt sich für die Komplimente. Der Schalk aus den Augen guckend, sagt sie: »Ich bin gewöhnt, auf der Bühne zu stehen, um mein Publikum zu erfreuen, zu begeistern. Nun ist das hier zwar keine Bühne, sondern ein Schiff, aber der Anspruch ist doch der gleiche.« Ihre Vita: In Linz geboren, in Wien Gesang studiert, in allen großen Rollen auf der Bühne des Grazer Opernhauses gestanden. Sie gastierte in Barcelona, Salzburg… Eines schönen Tages kam ihr die Lust abhanden. »Den modernen Kapriolen junger Regisseure wollte ich nicht mehr folgen,« erklärt die Mezzosopranistin. Und so heuerte sie vor zehn Jahren auf einem Kreuzfahrtschiff als Animateurin an, ist seit sieben Jahren Kreuzfahrtdirektorin, weiß genau, welche Würze ein Bordalltag verträgt. »Man muss das tun, was einem Freude bereitet«, sagt sie. Schön, dass ihre Freude ansteckt.

Soeben ist der Lotse an Bord gekommen. Wir haben uns die Stühle auf unserer Terrasse am Bug zurecht gestellt, beobachten

19

das Einlaufen in den Hafen von Funchal. Noch winken die Umrisse Madeiras, das auf der Landkarte nur ein Tupfer im Atlantischen Ozean ist. *Das Schiff* hat einen günstigen Liegeplatz erwischt. Es ist nicht all zu weit in die Stadt. Fahren wir mit dem Taxi oder gehen wir zu Fuß? Wir entscheiden uns fürs Taxi. Der Fahrer zeigt uns eine Karte Madeiras, verspricht, für wenig Geld alle Sehenswürdigkeiten zu zeigen, schwärmt vom höchstgelegenen Meereskliff Cabo Girao, von dessen Aussichtspunkt das 600 m tiefer liegende Meer zu sehen ist, fragt, ob wir Lust haben auf eine Schlittenfahrt. Gut gemeint von ihm. Er kann ja nicht wissen, dass wir schon öfters auf der Insel waren, Rundfahrten machten, dass wir sie vor allem wegen des Blumenreichtums und des süßen Weins lieben. Wir möchten nur zur Uferpromenade Stadtmitte, geben wir ihm zu verstehen. Während der Fahrt erinnern wir uns an den schneidigen, breitschultrigen Fernando. Er sei der schönste Mann der Insel, hatte er behauptet, und dass er von den Piraten abstamme. »Sie müssen mich nur richtig anschauen. Ich sehe doch aus wie ein maurischer Pirat, oder?«, meinte er mit stolzgeschwellter Brust. Wie konnten wir da seiner Bitte widerstehen, in den carro de cesto (das ist ein Korbschlitten) einzusteigen. Das war vor vier Jahren. W. schaute skeptisch angesichts des bergab führenden Kopfsteinpflasters, ließ sich aber dann von mir breitschlagen, das Touristengaudi zu erleben… »Nie wieder«, lautete sein Kommentar, als wir wie gerädert ausstiegen. «Bitte zehn Euro, mein Herr.« Der Taxifahrer reißt uns aus den Träumen.

Aufs neue fasziniert von dieser farbenprächtigen Stadt, in der überall Blumen blühen, laufen wir zur Markthalle. Hier soll es ein Internetcafé geben. Ich habe meinen Laptop dabei, möchte ein paar Mails an meine Kinder und Freunde auf den Weg bringen. Überall nur Schulterzucken. Nach einer Stunde geben wir es auf, wenden uns unserer schönsten Beschäftigung auf Madeira zu. Dem Weintrinken. Zuvor zünden wir in der

Kathedrale eine Kerze an. Das gehört zu unserem Madeira-Ritual.

Wir machen es uns auf der Terrasse der Bodega gemütlich. »Auch wieder mal im Land, schön, dass Sie uns nicht vergessen«, begrüßt uns Isabell, die Wirtin. »Wie immer?«, fragt sie. Ich nicke und im Nu steht ein Glas des süßen Madeiraweins vor mir. Daraus werden ein paar Gläschen mehr. W. trinkt wie stets Kaffee, isst dazu Feigenkuchen. Plötzlich steht der Concierge vom Schiff an unserem Tisch. »Kein Internetcafe gefunden«, klage ich ihm mein Leid. »Kein Problem«, meint er, drückt auf ein paar Tasten des Notebooks, und ich kann meine ersten Mails von der Weltreise absenden. Wir überlegen: Fahren wir mit dem Taxi zurück oder laufen wir? Zu Fuß sind es immerhin drei Kilometer. Wir entscheiden uns für die gesündere Variante. Im Hafen bricht das Wasser über die Kaimauer. So werden wir von einer kühlen Dusche überrascht und besteigen klitschnass die Gangway.

»Das kann ja heiter werden«, konstatiere ich. Unsere Kabinenfenster sind mit Stahlplatten geschützt. Zeichen für eine sturmgepeitschte See. Und so ist es auch. Eher als geplant lichtet *das Schiff* den Anker. Die Schaukelei beginnt von Neuem. Ich finde es gar nicht nett von Neptun, dass er uns so durcheinander wirbelt. Windstärke acht – ein ganz schöner Hammer. Das Schiff stampft, zittert, rumpelt… Da kommt mir der Wodka, den der Hoteldirektor uns schickt, wie gerufen. Auch am nächsten Tag liegen Wind und Neptun immer noch im Clinch. Mich hält der Wodka über Wasser. Ob der schuld ist an dem Durchmarsch oder eher das Eis, das wir uns ab und zu zur Mittagszeit an Bord genehmigten? W. weiß Rat, schließlich hat er seinen Medikamentenkoffer auf Reisen immer mit. Und so bewirken seine Pillen ein richtiges Wunder. Dabei hatte ich die Show »Zarengold« schon abgeschrieben. Wir haben einen guten Platz in der Lounge, dem größten Vergnügungstempel an Bord, ergattert und spenden den russischen Liedern, den bravourösen Tänzen Beifall. Sie erinnern mich an erlebnisreichen Urlaub in Sotschi, Moskau, Kasan, Kiew, Samarkand, auf dem Don, der Wolga, dem Schwarzen Meer, an die russische Seele, die so voller Melancholie steckt.

Spielerseelen

Heute, es ist nun schon der 9. Dezember, scheint endlich die Sonne. Das Meer hat nur noch eine vier, wie der Seemann sagt. Die Kabinenstewardess baut uns die Liegen auf der Terrasse auf. Nach meiner Schreiberei, dem ersten Bordtratsch für die LEIPZIGER RUNDSCHAU, aale ich mich unterm Sonnenschirm. W. holt mich aus meinen Träumen. »Wir wollen doch zum Bingo«, sagt er. Fürs Spielen ist W. immer zu haben. Er behauptet von sich, er sei ein Zocker. Das ist er auch. Täglich schaut er die Börsenberichte. Wenn möglich mehrmals. Er gewinnt, verliert, riskiert, wägt ab… Für mich ist er ein Fuchs, auch weil er sich nicht verführen lässt, sein ganzes Geld aufs Spiel zu setzen. »Es ist ein Kribbeln, ein innerliches Muss, ein wundervolles Gefühl, wenn der Aktienkurs steigt,« meint W. Viele Schriftsteller sind ihm gleich. Fjodor Dostojewski schrieb den bekannten Roman DER SPIELER aus eigenem Erleben, immer auf das große Glück am Spieltisch hoffend. Tschechow widmete sich der Jagd der Menschen nach dem großen Geld zum Beispiel in seinen DREI SCHWESTERN. Clemens Meyer, ein Leipziger Schriftsteller und guter Freund von W., zockt auf der Pferderennbahn. Auch Leipzigs Kulturbürgermeister ist im Scheibenholz öfters anzutreffen. Kürzlich nahm er sogar in Kauf, zu spät zu einer Einweihung einer Gedenktafel zu kommen. »Ich musste doch erst noch meinen Gewinn abholen«, vertraute er mir an. Sein Vater, Verleger F., behauptet, dass W. schuld an seinem Flensburger Punktekonto sei. W. bekannte F. eines Tages im Auto seine Börsenleidenschaft. Das brachte F. so in Fahrt, dass er schneller fuhr, als die Polizei erlaubt. Natürlich wollte F. den Dreh wissen, wie ohne zu verlieren, Aktiengewinne einzustreichen sind. »Lass die Hände davon, Du bist kein Zocker. Wer gewinnen will, muss auch verlieren können«, riet W. dem Verleger. Und das könne F. nicht... Wir verloren an dem Abend beim Bingo. Aber es kommt ja immer ein nächstes Spiel und damit der Glaube, das Glück überlisten zu können. Freud behauptete, die Spielsucht sei eine Art Selbstbefriedigung. So scheint es auch.

Am Abend tauchen wir in Hits der 60er Jahre ein. Bei hochsommerlichen Temperaturen in der Hansebar. Die Tanzfläche ist freigegeben. Mich juckt es in den Beinen. W. schüttelt den Kopf. Noch immer hat er unsere Tanzblamage im Hinterkopf. Es war auf der »Astoria«. Wir tanzten das allererste Mal zusammen, latschten uns dabei mächtig auf die Füße. Zum Vergnügen der Zuschauer. Wir waren ja die einzigen auf der Tanzfläche. Schade, dass die damalige »Tanzeinlage« solche Folgen hat. Eine Weile schaue ich den Tanzfreudigen, sicher auch etwas neidisch, zu, dann locke ich W. ins Fitnessstudio. Wir probieren alle Geräte aus, stellen fest, dass wir für unseren Körper was tun müssten...

Kapitän hat die Spendierhosen an

»Das Schiff des Habgierigen sitzt im Schlamm fest – das Boot des Bescheidenen segelt mit gutem Wind.« Dieser Satz fällt mir ein, als ich am Pooldeck ins Wasser schaue. Keine Welle, glatte See. Also gehören wir zu den Bescheidenen, die sich bei einem bayrischen Frühschoppen unter karibischer Sonne amüsieren. Stewards schleppen Bierfässer – der Kapitän hat die Spendierhosen an. Weißbemützte jonglieren mit Tabletts kulinarischer Extras, Grillduft steigt in die Nase, Weißwürste dampfen in der Pfanne… Die Showband stellt ihre Instrumente bereit. Und los geht die Sause. Romana Calvetti, die Kreuzfahrtdirektorin, stimmt als bayrisches Dirndl Bierlieder an. Die Band spielt flotte Weisen. Es wird geschunkelt, gegessen, getanzt, gelacht. So manch einer hat sich in einen lederkrachnen Bayern verwandelt. Manche Dame trägt ein fesches Dirndl. Prost, klingt's aus allen Ecken, die Stimmung steigt, die Uhr rennt. 12 Uhr Zapfenstreich.

Die Indianer nannten sie Madinia

Wir sind auf Martinique – französisches Eiland – setzen unseren Fuß in die Hauptstadt Fort de France. Natürlich erst nach dem Frühstück, wobei ich heute morgen auf den Sekt verzichte. Ach, hatte ich eigentlich schon erwähnt, dass es zum Frühstück auch Sekt gibt? Gestern waren es einige Gläser zu viel. Fort de Franc ist eine quirlige Stadt mit vielen schwarzen Leuten, also Nachfahren der Ureinwohner, engen Straßen, hupenden Autos, bunten Läden, Palmen, Flamingoblumen… Wir stehen vor dem Schoelcherhaus. Es wurde in Paris gebaut, extra für die 1889 stattfindende Pariser Weltausstellung. Danach wurde es hierher gebracht. Kein Wunder, dass das Haus zu den Sehenswürdigkeiten der Stadt gehört, das durch die bunte Fassade, die Königspalmen, die weiß blühenden Bäume ein wirklicher Hingucker ist. Ein Hingucker ist auch das Denkmal von Josephine de Beauharnais, Napoleons Gemahlin, die hier zur Welt kam. Kenner behaupten, dass diese Insel der französischen Antillen eindeutig die schönste sei. Die

Indianer nannten sie Madinia, wegen des üppig duftenden, farbenprächtigen Tropengartens, von dem wir nur ein klitzekleines Stück erleben. In der Kirche, sie ist reichlich mit Einheimischen gefüllt, erfreuen wir uns an dem Gospelgesang, der sich dann später auf den Kirchenvorplatz ausweitet, auf dem wir es uns bequem machen. So zieht das bunte, von Musik durchdrungene Treiben in aller Gemütlichkeit an uns vorbei. Keiner hetzt und das an einem Wochentag. Es scheint, als lächeln uns alle Passanten an. Aus einem Lautsprecher ertönen kreolische Laute, die immer wieder von Musik unterbrochen werden. Es ist ein Zauber, der uns einlullt, bald vergessen lässt, dass *das Schiff* wartet.

Nach unseren Milieustudien legen wir uns auf dem Schiff in die äußerst bequemen Liegestühle, lassen den lieben Gott einen frommen Mann sein, trinken einen Kaffee, naschen Pralinen… nicht all zu viele, denn einen noch dickeren Bauch auf dieser Reise wollen wir nicht haben.

Mit Venezuela haben wir Pech. Beim ersten Mal, als wir, W. und ich, hier in der Karibik waren, tobte in der Hauptstadt Caracas ein Aufstand. Diesmal wird der Ausflug wegen einer Hochwasserkatastrophe abgesagt. Schade. Dabei hatte ich mir schon Sehenswertes ausgeguckt, das ich W. zeigen wollte. Mein Onkel lebte in Caracas, arbeitete als Konsul, führte mich bei einem Besuch Mitte der 90er Jahre an die markantesten und schönsten Stellen der Stadt. Außerdem hatten uns einige seiner Freunde eingeladen, um in meines Onkels Zeit in Venezuela zu schwelgen. Dass wir Häfen nicht anlaufen konnten, wegen Hochwasser, Zyklonen, Unruhen, daran mussten wir uns auf dieser Reise gewöhnen.

Landgang auf Isla Margarita. Die Insel gehört zu Venezuela. Endlich weißer Sandstrand, bunte Sonnenschirme, Liegen zum Greifen nahe. Nur ein paar Schritte, vorbei an Souvenirständen, übersät mit Perlen über Perlen – auf der Insel war die Perlenfischerei einträglicher Wirtschaftszweig – und wir sind mitten im Badegetümmel. Zehn Dollar pro Liege für eine Stunde, sagt der Kassierer auf englisch. Zahlen Sie höchstens zwei Bolivar, hatte uns der einheimische Reiseleiter geraten, ehe er mit Passagieren auf Inselumrundung ging. Was soll's. Überall auf der Welt wird der Tourist, auf Deutsch gesagt, übers Ohr gehauen. Warum nicht auch hier. Wir sind glücklich, tummeln uns in dem glasklaren, fast 30 Grad warmen Wasser, defilieren auf der Strandpromenade. Die gab es vor 14 Jahren noch nicht. Da bestimmten Mangroven das Bild neben dem Hafen. »Los, kommt!«, hatte Sänger Fred Bertelmann, der mit dem Titel DER LACHENDE VAGABUND Ende der 50er Jahre einen Superhit landete, zu uns gesagt. Er kenne sich aus, behauptete er, nur ein paar Schritte an den Mangroven vorbei, läge eine Sandbank – herrlich. So trabten mein Mann, damals lebte er noch, und ich Bertelmann hinterher. Auf dem Schiff zurück, meinte Kapitän Zausch zu uns: »Wie kann man so etwas machen? Auf einen Seeigel treten, sich von den in den Mangroven lebenden Insekten stechen oder von einer Schlange beißen lassen. Kaum aufgestiegen, könnte die Reise damit zu Ende sein.« Recht hatte er, der liebe Kapitän. Uns ist nichts passiert. Seitdem besitze ich Badeschuhe.

Bertelmann, den wir durch den Bandleader Fips Fleischer und die Sängerin Brigitte Rabald kennengelernt hatten und der auf dem Schiff als Künstler verpflichtet war, winkte ab. »Da müsste ich längst tot sein«, sagte er, und erzählte von gewagten Film-Szenen in DAS BLAUE MEER UND DU, GITARREN

KLINGEN LEISE. In 16 Kinofilmen wirkte er mit. Er sang an der Oper von Chicago, war zu Gast in der Dean-Martin- und anderen USA-Shows, stand auf der Bühne mit Marika Rökk, Peter Alexander, Rene Kollo und vielen anderen, ist heute noch im TV präsent. »Mein Vorbild«, so sagte er immer, »ist Johannes Heesters. Er wohnt neben mir am Starnberger See. Wir sind freundschaftlich verbunden.«

Raucht er wirklich Gras – und anderer Klatsch

Übrigens ist hier an Bord eine 102jährige Frau ganz allein – sie wird von einem Steward jeden Morgen im Rollstuhl zum Frühstück gebracht. Anschließend erfreut sie sich am Treiben rund um die Poolbar. »Ist doch schön, was ich auf meine alten Tage noch alles erleben kann,« sagt sie zu mir und fragt sich, warum die Leute darüber reden, dass sie hier an Bord sei. »Es ist doch alles wunderbar. Man wird rundum versorgt. Eigentlich könnte ich noch vierzehn Tage dranhängen, geht aber nicht, meine Kinder warten, und der Flug ist auch schon gebucht.« Verständlich, dass Passagiere die alte Dame bewundern. Das gehört zum Bordklatsch, der auch üppige Blüten treiben kann. Mitunter auch unbewusst. W. fragte eine Stewardess beim Mittagsmenü, was da in der Suppe schwimme. Gras antwortete sie. Daraufhin bemerkte W., dass er Gras rauche, aber nicht esse. Seinen Nachschub hole er sich bei den Filippinos, die an Bord arbeiten. »Was, das wissen Sie nicht. Das sollten Sie aber«, meinte W. zu ihr, verschmitzt lächelnd, wie es so seine Art ist. Tage später fragt mich die Stewardess, ob mein Partner tatsächlich Gras rauche. Ich war perplex. »Er raucht überhaupt nicht, das ist einer seiner Scherze, die er gern macht«, antworte ich ihr.

Für etliche gilt: Sehen und gesehen werden. Eine Berlinerin erzählte mir, dass sie hauptsächlich auf dem Schiff ist, weil sie da ihre Garderobe endlich einmal richtig zeigen könne. Tatsächlich zog sie sich am Tag mehrmals um. Bei 124 Tagen kommt da allerhand zusammen. Ob es immer der gleiche Schmuck war, den sich ein Passagier anlegt? Ich weiß es nicht. Er trägt täglich mindestens zehn Ringe, mehrere Ketten, zig Armreifen. Der sei reich, ließe sich mit seinem Privatflugzeug abholen, hört man hinter vorgehaltener Hand. Andere zweifeln daran. Schließlich bewohnt er eine Vierbettkabine, die er wohl gebucht hatte, in der Hoffnung, dass er sie für sich haben wird. Das war allerdings nicht der Fall.

Herrn B. lernten wir schon im Bus kennen. Er war in Stuttgart zugestiegen, hatte eine Riesentasche, außer den Koffern, bei sich. Was da wohl drin ist, rätselten wir. Vielleicht ein Musikinstrument? Wie sich auf dem Schiff herausstellte, war es ein Klappfahrrad.

Naja, Passagiere sind schon ein abenteuerlustiges Völkchen, die die Liebe zur Seefahrt vereint. Ansonsten hat jeder seinen eigenen Vogel. Manche wandeln zwischen Kabine, Decks und Restaurants inkognito, andere sind gesellig, machen hier und da ein Schwätzchen und nutzen, was an Bord an Geselligem und bei den Ausflügen geboten wird. So genießt jeder auf seine Weise.

Kuten Tak, Kuken, Trinks

14. Dezember

Wir sind in Klein Holland – genauer auf der Insel Curaçao und beobachten das Einlaufen des Schiffes in die Hauptstadt

Willemstad, die auch das Amsterdam der Karibik genannt wird. Einem Bilderbuch gleich sind die bunten holländischen Häuschen in Giebelbauweise, die in der Morgensonne glänzen. Ebenso wie die drehbare Königin-Emma-Pontonbrücke, die beide Stadtteile, Punda und Otrabanda, verbindet und geöffnet wird, sobald ein Schiff in den Hafen will. Über 100 Jahre alt ist Emma, aber sie sieht mit ihren lichtdurchfluteten Brückenbögen ganz modern aus.

Am Vormittag bummeln wir zum schwimmenden Markt am Kai De Ruyterkade. Uns schauen Fischaugen an, die wir noch nie gesehen haben. Sie liegen im Bunt der Heringe, Tintenfische, Muscheln. Daneben exotische Früchte, Perlenketten, Ponchos… »Das alles kommt aus Venezuela. Ganz früh legen die Händler hier an«, erklärt uns ein gut gekleideter älterer Herr in gebrochenem Deutsch. Er lebe schon 40 Jahre hier, habe eine Familie gegründet, sei aber in Amsterdam geboren, da zur Schule gegangen, habe Architektur studiert und an der Entstehung der Königin-Juliana-Brücke mitgewirkt, die als eine der höchsten Brücken der Welt gilt und zum Geburtstag der Königin eingeweiht wurde. »Ich durfte bei der Feier ganz vorn mit dabei sein«, erzählt der alte Herr stolz und fügt hinzu, dass seither große Tankschiffe in den Hafen einfahren können. Später, beim Ausflug »Typisch Curaçao«, fahren wir über diese Brücke zur Likörfabrik. Ein dunkelhäutiger Riese, stark wie ein Baum, Zähne weißer noch als Schnee, quirlig lustig, strahlt bei unserem Anblick über das ganze Gesicht. »Kuten Tak, kuken, trinks« sagt er, lacht, dabei ein Tablett mit dem köstlichen Curaçao herumreichend. Junge, hübsche Mädchen, Sklavennachfahren, helfen ihm. Eine Dolmetscherin erzählt: »Die Spanier, die die Insel entdeckten, legten Orangenbaum-Plantagen an. Allerdings waren die Früchte ungenießbar. Die Bäume verwilderten, breiteten sich aus… Bald wusste man nicht mehr, wohin mit all den Bitterorangen. Man experimentierte und experimentierte, legte die getrockneten Schalen voller ätherischer Öle in Alkohol… und heraus kamen köstliche Tropfen, die auf den Namen der Insel getauft wurden und in aller Welt bekannt sind, in keiner Bar fehlen.«

W. interessiert die Geschichte weniger. Er flirtet lieber mit Arbeiterinnen am Band, die den blauen, weißen, braunen Likör in Flaschen füllen, schaut sich in den Produktionsräumen um. Schließlich hat der »Süße« die Meute in fröhliche Stimmung versetzt und so muss der Fahrer den Gesang über sich ergehen lassen, während er eine Villengegend ansteuert. Wunderschön anzusehen. Ebenso der weiße Strand. Wären da nicht die Liegen, die sich in einem erbärmlichen Zustand befinden. Ohne Brille wären sie ja noch erträglich, mit ist es fast unzumutbar. Aber sich in den Sand zu legen, ist auch nicht das Wahre. Also mieten wir für drei Dollar so eine Liege. Ich beschwere mich bei der Reiseleiterin. Ihre Antwort: »Sind Sie doch froh, dass Sie in der Karibik sind und die Sonne scheint.« Frechheit. Ich gehe ins Wasser, aber irgendwie macht es mir keinen richtigen Spaß.

Auf der Kabine liegt eine Mail meiner Tochter Heidi. »Mutti, wir fliegen nach New York, steigen auf AIDA, die Ziele sind ein Hammer: Miami, Nassau, Cap Caneveral, die Bermudas. Ende September 2011. Zuvor erkunden wir noch zwei Tage New York. Leider kostet die 16tägige Reise für uns vier allerhand. Da werden wir wohl auf den Sommerurlaub verzichten müssen…«

Ein erstaunliches Völkchen

Das Schiff liegt auf Reede. Vor uns, wie auf dem Präsentierteller, liegen drei der an die 50 bewohnten San Blas Inseln. Über

300 sind unbewohnt. Die meisten Inseln sind winzig klein. Bevölkert werden sie von 250.000 Kunas. So nennt sich das indianische Volk, das vor den Spaniern auf diese Inseln östlich des Panamakanals floh. Sie widersetzten sich auch in blutigen Auseinandersetzungen der Regierung Panamas. Seit 1930 sind sie autonom. Sie haben ihre eigene Sprache, leben im Matriarchat. Nach der Heirat kommt der Ehemann zur Familie der Frau. Mit diesen und weiteren Fakten hatte uns der Schiffslektor auf die Inseln eingestimmt. Zu einer dieser Winzlinge sind wir mit dem Tenderboot unterwegs. Von weitem sieht es so aus, als trage die Insel ein riesiges Palmendach. Beim Näherkommen entpuppt sich dieses als kleine palmenbedeckte Hütten, die fast bis ins Wasser reichen. Und so wie bei uns das Auto vor der Tür steht, so sind es hier die Kanus. Unser Kommen gleicht einem Freudenfest. Frauen und Kinder sitzen vor ihren dicht aneinander gedrängten »Häusern«. Bunte Papageien quatschen durcheinander, Katzen und Hunde hocken bei Frauchen oder huschen durch die Gegend. Eine ältere, Pfeife rauchende Frau kommt auf uns zu, möchte wissen – sie spricht ganz gut Englisch – woher wir kämen, wohin wir wollten, nimmt uns mit in eine der Hütten, die den Dorfplatz umsäumen. Es ist eine Bibliothek mit etwa 200 Büchern. Einen Atlas in der Hand, bittet sie zu zeigen, wo Leipzig liegt. Sie freut sich wie ein Kind, umarmt uns, erzählt, dass sie als Lehrerin gearbeitet habe. Später lernen wir ihre Enkelin kennen, die, wie viele Mädchen hier, eine Mola, in dem Fall eine Bluse, mit farbenreichen Applikationen bestickt. Sie selbst trägt, genau wie ihre Großmutter, diese kunstvolle Art der Kleidung. Eine bestickte Bluse, einen bedruckten Rock, ein rotgelbes Kopftuch, Perlenschmuck um Hand- und Fußgelenke, einen goldenen Nasenring und einen aufgemalten schwarzen Strich auf dem Nasenrücken. Das ist schon beeindruckend, solch eine Festkleidung inmitten eines sehr bescheidenen Daseins. Toll finde ich, dass bei der Geburt eines Mädchens ein dreitägiges Fest gefeiert wird. Die Geburt

eines Jungen bleibe unbeachtet. Ganz im Gegensatz zu vielen Gegenden der Welt, in denen das männliche Geschlecht dominiert. Ich fotografiere eine junge Mutter, die ihr Kleines stillt. So ganz ungezwungen vor der Hütte. Dafür gebe ich ihr einen Dollar, den sie mit einem freudigen Redeschwall entgegen nimmt. Neben ihr ein kleines Mädchen, das einen Hund in den Händen hält und den Dollar immer wieder umdreht.

Ein Signal ertönt, was so viel heißt wie: der Badestrand wartet. Ehe wir in das Tenderboot einsteigen, noch ein schönes Schauspiel. An die zehn Frauen, in ihren Molas gut anzusehen, lustig und guter Dinge, stechen mit ihren Kanus in See. Entweder sie holen vom Festland Wasser oder sie waschen da ihre Wäsche, weiß ein am Steuerrad des Tenderbootes sitzender Seemann, der schon öfter die Insel besuchte und auch die unbewohnte kennt, an der wir soeben anlegen. Vom Korallenriff umgeben eine Bilderbuchlandschaft mit weißem Strand, Palmen über Palmen, in denen Pelikane Mittagsschlaf halten. Herrlich. Wir nehmen die Insel in Besitz, die wir in zehn Minuten durchwandert haben, aalen uns, fotografieren, spielen Ball, springen in das glasklare türkisfarbene Wasser. Der Concierge klettert auf eine sich ins Wasser neigende Palme, bietet ein schönes Motiv für die Filmer.

Ein schöner Tag. Eigentlich der Schönste bisher.

Ach, wie schön ist Panama

»Man reist ja nicht, um anzukommen, sondern um zu reisen«, hatte der Dichterfürst Goethe einst erklärt. Und so reisen wir dem Panamakanal entgegen. Für so manchen technisch interessierten Passagier ein Höhepunkt der Reise.

»Meine Damen und Herren, im Moment fahren wir in die erste der Schleusen, in die Gatun-Schleuse ein, die wir in etwa 90 Minuten wieder verlassen«, ertönt die Stimme des Lektors aus dem Bordfunk, der uns mitnimmt auf einen kleinen Geschichtsexkurs. 1914 passierte das erste Schiff diese Wasserstraße. 75.000 Arbeiter waren am Bau beteiligt, der 387 Millionen Dollar kostete und auf einer Länge von 81,6 Kilometern den Atlantik mit dem Pazifik verbindet. W. ist von der Landschaft, die hier mehr europäischen Gefilden gleicht, etwas enttäuscht. Aber Tatsache ist, dass der Darien-Urwald im äußersten Osten von Panama eine undurchdringliche natürliche Grenze zwischen Mittel- und Südamerika bildet. Das ist aus dem Bordfunk zu hören. Zu sehen ist, wie ein LKW nach dem anderen die Erde abtransportiert, die hier abgetragen wird, um den Kanal zu verbreitern. Trotz Hitze herrscht emsiges Treiben. Es ist schon Mittag vorbei, die »Astor« liegt in der Petro-Miquel-Schleuse. Das Schiff wird gehoben, gesenkt. Als die Brücke in Sicht kommt, die Nord- mit Südamerika verbindet, nehme ich die Kamera. Da wir jedoch technische Nieten sind, wenden wir uns lieber anderen Dingen zu. Unter unserem Sonnenschirm auf der privaten Terrasse haben auch die in der kleineren Suite wohnenden Leute – er Türke, sie Französin, beide in Basel lebend – Platz genommen. Da er Goldhändler ist, zeige ich ihm meinen mit aufs Schiff genommenen Schmuck. Manches Stück sei sehr wertvoll, alles sei echt. Und das ist für ihn das Stichwort, ein wenig aus seiner Branche zu erzählen. Öfter habe er erlebt, wie Leute für viel Geld Schmuckstücke gerade von Urlaubsreisen mitbrachten, die gut, mitunter aber auch primitiv, gefälscht sind. Eine Frau habe für ein mit Brillanten besetztes Armband, so sagte sie, über 10.000 Euro bezahlt. Der wirkliche Wert sei 300 Euro gewesen, weiß Goldhändler Eikan, den W. scherzhafter Weise als brasilianischen Ex-Präsidenten bezeichnet. Das hat sich wie ein Lauffeuer auf dem Schiff verbreitet. Einige glauben es. Wir lachen uns eins

ins Fäustchen, stoßen mit einem Glas Sekt an, von dem der Concierge einige Flaschen eisgekühlt vorbei gebracht hat. Eine schöne Überraschung. Am Abend gibt es dann noch eine: zwei Flaschen Rotwein und ein Käseteller stehen auf dem Tisch unserer Kabine. Zehn Stunden dauert die Passage.

Jetzt schippern wir im Pazifik Guatemala entgegen. Mein Handy bleibt stumm. Ich hätte zu gern mal gewusst, wie es unseren Lieben zu Hause geht. Sicherlich sind sie gestresst vor dem Weihnachtsfest. Das Schiff unter Tropensonne verwandelt sich in eine Weihnachtslandschaft. Es duftet nach frischem Tannengrün. Tag für Tag kommen neue Dekorationen hinzu. Wie schön ist es doch, mal die Beine unter den Tisch zu stecken, nicht einkaufen zu müssen, keine Gans zu rupfen, nicht täglich zu überlegen, was man wohl vergessen habe, ganz abgesehen von der Jagd nach den Geschenken. Hier richtet es der Hoteldirektor, der weiß, was so eine richtige Weihnacht ausmacht, mit Tannenbäumen, Weihnachtssternen, Weihnachtsmann und Engel, Weihnachtsdinner und und und. Eine Sinfonie sinnlicher und kulinarischer Genüsse, die schöner nicht sein kann.

Auf den Spuren der Majas

Heute, am 19. Dezember,

fahren wir unserem nächstem Ziel entgegen. Wir spielen Offiziersskat, ich verliere meistens, dennoch machts Spaß. Über die Majas wird in einem Vortrag informiert. Der stachel uns an, doch einen Ausflug zu machen. Wir überlegen, werfen ein Geldstück in die Höhe. Kommt Zahl, dann bleiben wir an Bord, kommt das Brandenburger Tor, machen wir den Ausflug zum Atitlan See. Wir werfen letztendlich so lange die Münze in die Luft, bis das Brandenburger Tor zu sehen ist. Also fahren wir. Ich rufe im Ausflugsbüro an, erfahre, dass noch Plätze frei sind. Nachdem alles gebongt ist, lese ich, dass es in Guatemala bewaffnete Banden gibt, die Touristen überfallen. Hätte ich das eher gelesen, aber nun ist es zu spät. Eigene Schuld. Habe dadurch auch schlecht geschlafen, blödes Zeug geträumt. Nun sitzen wir im Bus, der uns zum See und schließlich zu den Majas, den Erben der einst mächtigen Maja-Zivilisation, bringt. Heute soll es 22 ethnische Gruppen der Majas geben. Sie sind klein von Wuchs, haben pechschwarzes Haar, einen kurzen Hals, so wie auch unser Reiseführer, der ein ausgezeichnetes Deutsch spricht – er habe das am hiesigen Goethe-Institut gelernt, sagt er und führt uns ein in seine Kultur. »Unsere klassische Blütezeit lag zwischen dem vierten Jahrhundert nach Christi bis zum neunten Jahrhundert. Unsere Vorfahren betrieben Mathematik und Astronomie, entwickelten Kunst und Architektur, Handel und Literatur und verfügten über eine komplexe Schriftsprache… Zwischen dem 10. und dem 15. Jahrhundert wurden die großen Maja-Städte aufgegeben, es zerfiel die Zivilisation. Die Spanier kamen, schlachteten zig Tausende meiner Landsleute ab…«

Zu einigen Nachfahren sind wir unterwegs. Wir werden von bewaffneter Polizei begleitet. Vorbei an ärmlichen Hütten, Zuckerrohr- und Ananasfeldern, Kaffeeplantagen, klettert der Bus bis auf 1560 Meter zum landschaftlichen Kleinod Guatemalas. Spiegelglatt ist der Atitlan-See. Umrahmt von den Vulkanen San Pedro, Toliman und Atitlan, dem mit 3530 Meter höchsten Vulkan, ein schönes Bild. 33 solch speiender Berge gibt es im Land, aneinandergereiht wie auf einer Perlenschnur. Drei davon sind noch aktiv, erfahren wir. Uns gegenüber verhalten sie sich so, als könnten sie kein Wässerchen trüben. Jeder hier weiß, dass der Schein trügt. Vierzig Minuten dauert die Überfahrt. In Panajechel werden wir von Maja-Frauen und auch Maja-Männern regelrecht mit ihren Handarbeiten »überfallen«. Farbigen Tüchern, Decken, Gesticktem, Genähtem. »Bitte, guter Preis«, ertönt es in gebrochenem Deutsch. Man kann sich kaum des Ansturms erwehren. Ein Jade-Armband findet mein Interesse. W. kauft es mir. Sieht schon alles sehr farbenfroh aus, was die Majas da anbieten. Aber wer zu Hause würde sich darüber freuen? Wir laufen ein Stück die Hauptstraße entlang, die umrahmt ist von auf Holzgerüsten hängenden Souvenirs – ein sehenswertes Bild aus Farben, Formen und Mustern. Im besten Haus am Platz, einem Hotel mit Seeblick, wird das Mittagessen serviert. Zum Beispiel gegrilltes Schwein, Hackfleisch im Maisblatt, scharfe Soßen. Das Nationalgericht Pepian ist ein Eintopf mit Huhn, Gemüse und gerösteten Kürbiskernen, schwarzen Bohnen, Tortillas und Reis. Hört sich gut an. Alles sieht auch einladend aus. Wir denken an eine Magenverstimmung und machen uns über das vom Schiff mitgebrachte Obst und die belegten Brötchen her, trinken dazu unser vom Schiff mitgenommenes Wasser. Auf gleichem Weg zurück, begleitet von einem sagenhaften Sonnenuntergang, falle ich k.o. ins Bett. W. hört sich noch ein klassisches Konzert im Captainsclub an.

29 Grad im Schatten

21. Dezember

Weihnachtlich ist es nun auch in unserer Kabine. Ein geschmackvoll geschmücktes Bäumchen erhellt unser Herz. Pralinen, Weihnachtssterne, Nüsse liegen auf dem Tisch. Es sind 29 Grad im Schatten. Allerdings saust der Wind ums Schiff, das Kurs auf Mexiko genommen hat. Mal sehen, was uns da erwartet. Immer wieder begegne ich einem Passagier, auf den der Spruch von W. wie die Faust aufs Auge passt. »Er hat nichts zu sagen, und was er zu sagen hätte, sagt er auch noch falsch.«

Für sechs Dollar riskieren sie Kopf und Kragen

22. und 23. Dezember

Während *das Schiff* auf die Goldene Bucht von Acapulco zusteuert, widmen wir uns den Skatkarten, spielen Offiziersskat. Für mich ist das immer so, als wäre ich bei einer Kartenlegerin, zu der man in der Hoffnung geht, etwas Gutes zu hören. Heute gewinnst du, sagt mir eine innere Stimme, und ich bilde mir ein, der Tag heute wird gut für mich. Aber wieder liegen fast nur Luschen vor mir. So bin ich wieder der Loser. Dennoch ist der Tag gut.

Über den Bordfunk wird unser Ausflug zu den Felsenspringern aufgerufen. Oft schon habe ich davon gehört, im Fernsehen das Spektakel gesehen. Wir reihen uns ein in den Strom der Touristen, steigen unzählige Stufen nach unten, um dem Nervenkitzel ziemlich nah zu sein. Uns gegenüber sind die Klippen, die junge Leute durch ihren Wagemut berühmt machten. Und schon klettern kräftige Burschen – Clavadistas genannt – die Klippen hinauf, warten auf die Brandung, die die Felsen der engen Bucht überflutet, bekreuzigen sich und springen 35 Meter in die Tiefe. Eine Fehleinschätzung wäre der sichere Tod. Sogar ein 14jähriges Mädchen ist dabei. Sie allerdings springt aus 25 Metern. Wir beklatschen die Clavadistas, die glückstrahlend das Bad in der Zuschauermenge genießen. Fünfmal am Tag, einmal nachts unter Fackeln, riskieren sie so für ganze sechs Dollar am Tag Kopf und Kragen. Wer steckt das andere Geld ein? Schließlich ist der Eintritt wesentlich teurer. Die gut deutsch sprechende Dolmetscherin, eine ziemlich herrschsüchtige Dame, versteht die Frage nicht. Sicher will sie sie nicht verstehen. Sie versteht auch nicht, warum Passagiere meckern, als sie uns in einer kleinen Nebenstraße in ein Schmuckgeschäft führt und sagt: »Sie haben hier eine Stunde Zeit, um sich umzuschauen.« Laut Ausflugsprogramm war ein einstündiger Stopp in einem Luxushotel, direkt am Strand gelegen, vorgesehen. Das hätte uns schon gereizt, zumal im Hotel- und Villenviertel einige Hollywoodgrößen ihre Sommerresidenzen haben sollen. »Da müssen Sie eben noch einmal nach Acapulco kommen, wenn Sie das alles sehen wollen«, erklärt sie. Am Hafen angekommen, sagt sie »Danke« und verschwindet.

So schlendern wir allein durch ein Stück der sauberen Millionenstadt, treffen dabei den Kapitän im Jogginganzug. »Ich muss mal ein Stück laufen bei dem herrlichen Wetter«, sagt er, fügt an, dass Acapulco für ihn ein Traumurlaubsziel sei. Da hat er recht, der Kapitän. Diese Bucht scheint tatsächlich eine zweite Reise wert zu sein.

Im Hafen-Terminal befindet sich eine Ladenstraße, in der von Juwelen bis hin zu Ansichtskarten eine breite Palette an Mitbringseln geboten werden. Ein Glück, dass im Terminal Bänke stehen, die W. magnetisch anziehen. So kann ich von Laden zu Laden schlendern, Blusen probieren, goldene Ringe bewundern, Getöpfertes anschauen, mit den Verkäuferinnen schwatzen. Am Ende kaufe ich eine weiße Bluse, die W. zuvor begutachtet. Eine mit mexikanischen Motiven bestickte Tasche lacht mich an… Es ist ein Kreuz mit mir, ich kann mich nie entscheiden und denke dann hinterher, ja das hätte ich doch kaufen sollen.

Nun haben wir Weihnachten hinter uns – das erste Mal Weihnachten auf See. Schöner als daheim. Weihnachtsmann und Gänsekeule, Weihnachtsstollen und Weihnachtsshow live und das über Tage. W. schenkt mir eine Kette – ich habe wieder nichts, weil ich nicht weiß, was ich kaufen soll. All das, was der Shop anbietet, gefällt W. nicht. Aber wie ich mich kenne, fällt mir bestimmt noch eine Überraschung für ihn ein. Überrascht war ich übrigens von der Christmette zur Heiligen Nacht. Ehrlich. Ich wär da nie hingegangen, aber als Chorsängerin konnte ich mich nicht drücken. Ich erlebe eine Atmosphäre der Stille festlich gekleideter Passagiere, eine Predigt des Bordpfarrers über christliche Werte in einfachen Worten, die selbst eine Atheistin wie mich berührt hat.

Mein erstes Kunstwerk

Die Tage vergehen wie im Fluge, und wer da behauptet, auf dem Schiff sei es langweilig, der ist selbst schuld. Denn die Tagesprogramme bieten reichlich Abwechslung auf sportlichem, tänzerischem, populärwissenschaftlichem und kulturellem Gebiet. Seide bemalen ist meine neueste Entdeckung. Seidentücher, Seidenschals, Seidenkrawatten, Farben, Pinsel gibt's umsonst. Auch der Kurs ist kostenlos. Die Kursleiterin trägt meist selbst bemalte Kleider und Shirts, ist also eine wandelnde Litfaßsäule. Sie ist freundlich, verbindlich, und macht auch dem Ungeschicktesten Mut. Sie steht neben mir, als ich, mit Pinsel, Farbe und Plasteschürze bewaffnet, meine ersten Versuche mache. Würde es so oder so besser aussehen, welche Farbe nehme ich? »Das müssen Sie alles selbst wissen. Jeder Mensch hat doch einen eigenen Geschmack«, ist ihr geflügelter Satz. Und doch nimmt sie einen Stift in die Hand – es ist ein Zauberstift, der nach Stunden wieder verschwindet – und zeigt mir, wie ich das Seidentuch bemalen könnte. Ich suche mir Pastellfarben, Pinsel und einen goldenen Stift aus und beginne das erste »Kunstwerk«. Und ei der daus, ich kann's tatsächlich. Kaum zu glauben, dass ich dem nächsten Maltag schon entgegen fiebere, weil es ein entspanntes, kreatives Hobby ist. Am Ende der Reise halte ich 14 für meine Begriffe harmonische Farbspiele in der Hand. Tücher und Schals sowie sieben mit meinem Autogramm versehene Krawatten. Dass ich damit bei unseren Daheimgebliebenen groß heraus komme, ich bewundert werde – ich hatte es mir gewünscht. Töchter, Sohn und Schwiegersöhne werden so zu T.T. »Kunstwerk«-Trägern.

Der Friseur tunkt mit Klobürste in schäumendes Fass

Mexiko liegt hinter uns, der Südseezauber beginnt. Allerdings noch nicht wirklich. Vorerst nur in unseren Gedankenspielen. Welche der Inseln wird die Schönste sein? Welche Ausflüge buchen wir? Die vielbesungene Insel Bora Bora – wie werden wir da empfangen? Mit Südseemelodien, Blumenkränzen, so wie das im Film immer zu sehen ist? Der Äquator kommt in Sichtweite – so wird es im Bordfunk verkündet. Zu sehen ist natürlich nichts. Außer Wasser bis hin zum Horizont. Jetzt müsste es besonders heiß werden. Denkste. Wir ziehen Pullover an, gehen in den Captainsclub, leisten uns bei Melodien wie Schiwago oder Über sieben Brücken einen Grog. In der Nacht haben wir den Äquator überquert. Keiner hat's gemerkt. Oder doch? Irgendwie sind komische schiffsuntypische Geräusche zu vernehmen. Obwohl: Die See ist spiegelglatt. Ist es doch nicht nur die gedachte Linie entlang des größten Erdumfangs, die auf dem Null Breitengrad in gleicher Entfernung zum Nord- und Südpol verläuft und damit die Erde in eine nördliche und eine südliche Hemisphäre unterteilt? Kreuzt ein Unterseeboot neben uns? Genauso ist es, verkündet der einstige, heute 86jährige U-Bootfahrer zum Frühstück.

Ein durch Mark und Bein gehendes Signal kündigt Neptun an. Das ist für einige Seeleute ein wahres Gaudi. Endlich dürfen sie mal die Sau rauslassen. Allerdings nur passagierfreundlich. Im Gegensatz zur christlichen Seefahrt, bei der es mehr als haarig zugehen soll, wie mir mein Sohn, der etliche Jahre als Maschinenassistent auf einem Tanker die sieben Weltmeere befuhr, erzählte.

Mit Lärm und Tralala erscheint der Herrscher aller Meere (es ist der DJ) mit seinem Gefolge auf dem Pooldeck. Im Schlepptau die Täuflinge. Passagiere, wie ich, die gern getauft werden möchten. Kapitän und Hoteldirektor versuchen, Neptun freudig zu stimmen, überreichen ihm Fresskorb und Wodka. Er bleibt jedoch mürrisch, fordert, das unwürdige Erdengewürm gehörig vom Schmutz zu befreien, damit er es in sein erlauchtes Reich aufnehmen kann. Schon liege ich auf der Pritsche, werde vom Arzt (Concierge) mit einem Ein-Meter-Rohr abgehorcht, rum und num gedreht, mit einer unangenehm riechenden Lauge gewaschen. Der Friseur (Reiseleiter) tunkt mit einer Klobürste in ein schäumendes Fass und beschmiert mich von unten bis oben unter großem Hallo der Zuschauer. Vor Neptun und seiner lieblichen Tochter Thetis, zu der mich der Polizist (Steward) und seine kettenbehangenen furcherregenden Helfer schleifen, muss ich mich verbeugen, niederknien. Neptun schnipst mit den Fingern. Das Zeichen, mich zum Taufbecken (Pool) zu schleppen. Auf den Namen Guppy getauft, werde ich ins Wasser geschubst und gehöre damit, wie die anderen 20 Täuflinge, nun zum erlauchten Kreis der Südseefahrer. Feuchtfröhlich nehmen wir bei Sekt die Taufurkunde entgegen, prosten uns zu. Solange, bis auch ich fast einen Zacken zu viel habe.

Bordpfarrer klopft an Kabine

29. Dezember

Noch immer stampft *das Schiff* durch den Stillen Ozean. Er soll wohl von den Seglern vor Jahrhunderten still genannt worden sein, weil sie durch fehlenden Wind nicht vorwärts kamen. Er enthält so viel Wasser, dass darin mehr als die gesamte Erde Platz hätte. Da müsste man meinen, die Delfine tummeln sich und geben den Passagieren eine Vorstellung nach der anderen. Weit gefehlt. Wir sind schon so viele Tage auf dem Wasser. Außer Wellen, Schaumkämmen und ab und an mal einem Schiff, ist nichts zu sehen.

Am Nachmittag sitzen wir mit dem Bordpfarrer in unserer Kabine. Wir haben seinen Freund und ihn eingeladen. Er war Gemeindepfarrer in der Kaiser-Wilhelm-Gedächtniskirche in Berlin, erzählt von Queen Elisabeth und anderen Großen dieser Welt, die die Kirche besuchten… Seit drei Jahren ist er ab und an als Bordpfarrer tätig. Die Unterhaltung ist sehr kurzweilig, so dass ich das Seidenmalen verpasse. Zwei liebenswerte Leute, die als Paar seit 34 Jahren zusammen leben.

30. Dezember

Gegen Mittag kommt die Bucht von Nuku Hiva in Sicht. Beliebt bei Weltumseglern. Auch wir ankern hier. Weder Palmen noch weißer Sandstrand. Dafür aufgetürmtes Lavagestein, wohin das Auge blickt. Soll das die viel besungene Südsee sein? Wir besteigen den Tender, fahren zum kleinen Hafen und müssen feststellen, dass der erste Eindruck nicht immer der beste ist. Die Landschaft ist üppig tropisch. Die Menschen vor ihren einfachen Hütten sind liebenswert und freundlich. Wir unternehmen einen kleinen Spaziergang. Ein Schwein gesellt sich zu uns, marschiert brav an unserer Seite und legt sich sogar neben uns, als wir an dem kleinen Strand eine Pause einlegen. Erst grunzend, macht es dann ein Nickerchen. Wir wollen uns leise davon schleichen, aber nichts da. Das Schwein, es soll übrigens hier auf den Südseeinseln verehrt werden, steht wieder neben uns, trabt mit bis zum Hafen. Ehrlich, so etwas haben wir noch nicht erlebt.

Hier ne Show, da ne Show

Liebes Tagebuch. Heute ist der letzte Tag des Jahres. Es war ein gutes Jahr. Wir können beide – W. und auch ich – nicht klagen. Wir sind gesund, haben liebe Kinder, einen angenehmen Freundeskreis, verbrachten Urlaubstage im Neptun in Warnemünde, feierten meinen runden Geburtstag in großer schöner Runde, und wir schaukeln seit 32 Tagen um die Welt. Bis in den April nächsten Jahres hinein. Wir wissen, dass in diesem doch schon biblischen Alter jedes Jahr für uns ein Geschenk ist. Wir hoffen auf noch viele solche Geschenke, wünschen es uns von ganzem Herzen.

Auf dem Schiff singt's und klingt's aus allen Ecken. Hier ne Show, da Tanz, dort Kabarett... Wir gehen in den Innenpool baden, genießen die Ruhe vor dem Sturm. Das Mittagessen lassen wir ausfallen. Zugunsten des Galadinners und des 10 Meter langen Mitternachtsbüfetts, bestückt mit kulinarischen Extras. Natürlich fließt der Sekt in Strömen. Überall Luftschlangen, bunte Ballons, dazwischen tropische Pflanzen. Und auch wir sind mitten drin. Geschniegelt und gebügelt. W. trägt zu Ehren des Jahreswechsels einen von mir bemalten Seidenschlips mit der besonderen thalheimschen Note. Ich werfe mich in ein Abendkleid. In allen Gesellschaftsräumen ist ein Feuerwerk der guten Laune gezündet. Wir entscheiden uns für die Hansebar am Heck. Ein Steward setzt uns ein Hütchen auf nach dem Motto: Ohne Hut keine Stimmung. Eigentlich lieben wir solche Späßchen nicht, aber der Junge hat seine Freude daran. Palmenwedel wiegen sich im Fahrtenwind. Zu Hause sind 20 Grad minus. Das behauptet der DJ, der Melodien der 60er/70er/80er Jahre auflegt. Ich würde schon gerne mal tanzen. W. nicht. Derweil hat das Neue Jahr begonnen. Wir geben uns ein Küsschen, wünschen uns Gesundheit und weiter gemeinsame schöne Erlebnisse. Der Kapitän sagt Prost, auch der Hoteldirektor und die Kreuzfahrtdirektorin kommen zu uns – wir wünschen einander Alles Gute. Passagiere liegen sich in den Armen. Überall Hallo und Horrido – es wird getanzt, getrunken, gesungen – während das Kreuzfahrtschiff ruhig durch die Südsee seine Bahn zieht.

Die guten ins Töpfchen, die schlechten ins Kröpfchen

Heute, am ersten Tag des neuen Jahres, werden wir auf Fakarava mit der Perlenzucht bekannt gemacht. Zwischen Korallen und bunten Fischen wachsen die schwarzen Perlen, die besonders wertvoll sein sollen, in Austern auf Zuchtfarmen heran. »Es ist eine risikoreiche und aufwendige Arbeit, verbunden mit ständigem Kontrollieren und Reinigen der Muscheln. Die richtige Höhe der Netze muss stimmen… Dazu kommen Unwetter…«, erklärt der Perlenzüchter. Ein schlanker jungenhafter Typ mit blitzenden Zähnen, fügt an, dass das die Haupteinnahmequelle der Einwohner ist. Er führt uns in einen der Arbeitsräume, die mich ein wenig an Aschenputtel erinnern. Die guten ins Töpfchen, die schlechten ins Kröpfchen. Es werden Größe der Perle, Qualität, Form, Farbe beurteilt, ehe sie in die verschiedenen Gefäße verschwinden. Perlen, so hören wir, waren in der Antike wertvoller als Gold. Kleopatra soll eine Perle, in Essig aufgelöst, als Medizin getrunken, ein römischer Kaiser sein Lieblingspferd mit einer Perlenkette geschmückt haben. Es gibt viele Legenden, vor allem um die schwarze Perle, die Glück bringt. Wahrsager nutzen sie als Medium, auch heute noch und nicht nur in der Südsee.

»So manche Taucherin musste beim Ernten der Muscheln in der Tiefe des Meeres ihr Leben lassen. Auch bei uns wird noch danach getaucht. Jedoch mit neuer Technik. Das Gros wächst in unseren Farmen,« fügt er an, nimmt zwei Perlen, reibt sie aneinander. Damit könne man ihre Echtheit feststellen. Die mit ganz glatter Oberfläche sind falsch, während die mit einer rauen echt sind. »Hier Madam, diese echte Perle soll Ihnen auf Ihrer Weiterreise Glück bringen.« Seitdem habe ich die schwarze Perle immer bei mir, und es scheint, der Perlenzüchter aus der Südsee hat recht.

Wir entdecken noch eine Seltenheit: Eine aus Korallen gebaute katholische Kirche aus dem Jahre 1874. Sie wird noch heute genutzt. Mit dem Tenderboot verlassen wir das paradiesische Kleinod.

Dass mir gleich am ersten Tag des Neuen Jahres das Glück hold ist, hat das etwas mit meiner schwarzen Perle zu tun? Ich gewinne 43,50 Euro beim Bingo. Nicht viel, aber immerhin – so kann das Jahr weitergehen… Mails aus der Heimat mit guten Wünschen für 2011 und manchem Kompliment liegen auf dem Schreibtisch. Christiane, die Tochter von W. schreibt: »Du, liebe Traudel, beschreibst Euer Zusammensein auf dem Schiff so lebendig und faszinierend, dass man glauben könnte, Ihr seid ein junges verliebtes Pärchen in den Flitterwochen. Ja, die Welt ist voller zauberhafter Orte. Wie gut, dass mein lieber Dado so einen Motor neben sich hat, der ihn vom Sofa zieht…«

Der Medizinmann gibt das Zeichen

»Wer einen Freund findet, findet einen Schatz« – dieser Spruch aus der Bibel soll das Motto des Tages sein. Mittag erreicht *Das Schiff* den Hafen von Uturoa. Das ist die Hauptstadt der Insel Raiatea. Übersetzt lautet der Name: Heiterer Himmel. Das ist er auch. Hier wächst die beste Vanille der Welt, behaupten Spitzenköche. Und hier ist das Feuergehen zu Hause. Eine Besonderheit, die nur noch selten gezeigt wird. Während Tänzerinnen ihre Hüften schwingen, verfällt der Zeremonienmeister in Trance. Ist die vulkanische Kohle glühend heiß, gibt der Medizinmann das Zeichen, und leichtfüßig schreiten Frauen und Männer durch die Glut. Imposant anzusehen. Schade, dass vieles der alten Kulturen verschwunden ist durch die Missionierung zum Christentum.

Endlich Bora Bora. Eine Insel, die die Fantasie vieler Menschen beflügelt, Träume weckt, als die schönste Insel der Welt gilt. Sie ist das beliebteste Urlaubsziel von Japanern und Amerikanern. Kapitän James Cook nannte das von einem Korallenriff umgebene Eiland die Perle des Pazifik. Paradiesische, von Palmen gesäumte weiße Sandstrände. Das Meer leuchtet von türkis bis blau. Luxushotels. Verschwenderische Vegetation mit betörendem Blumenduft – Exotik, wohin das Auge reicht. *Das Schiff* liegt wieder auf Reede. Ein Tenderboot bringt uns zum Hauptort Vaitape am Fuße des Mont Pahia. Wir haben noch ein wenig Zeit bis zum Beginn unseres Ausflugs »Haie und Rochen«. Für mich Gelegenheit, die Auslagen der Geschäfte anzuschauen. Auf der Post kaufe ich drei Ansichtskarten. Dazu drei Briefmarken. Damit bin ich fünfzehn Dollar los. Schönheit hat eben ihren Preis.

Mit einem blumenumrankten Boot fahren wir hinaus in eine der Lagunen, landen auf einem von Palmen und weißem Sandstrand umgebenen kleinen Eiland. Haie und Rochen tummeln sich in dem großen abgegrenzten Nass. Wer möchte, kann mit ihnen flirten. W. ist ganz schnell dabei, schaut zu, wie elegant die Tiere den fütternden Insulaner für die besten Happen umgarnen. Um das unter Wasser zu erleben, muss man schnorcheln. W. winkt ab. »In meinem Alter mache ich das nicht mehr.« Ich versuche es zum ersten Mal. Ganz vorsichtig steige ich schnorchelbewaffnet ins Wasser und bin baff, wie einfach das geht. Fantastisch. Die 1,50 Meter großen, fast weiß aussehenden Haie schwimmen majestätisch an mir vorbei. Die Rochen streicheln meine Haut. Igitt – ein erst ängstliches, dann doch irres Gefühl. Kleinere Fische quirlen zwischen den Korallen umher. Es scheint, als spielen sie Verstecke.

W. hat sich's schon im Liegestuhl unter einer Palme bequem gemacht. Ich rücke ihn etwas zur Seite. Schließlich kommen im Jahr laut Statistik mehr Menschen durch herabfallende Kokosnüsse ums Leben als durch Haibisse. Er lacht, sagt: »Was du alles weißt.« Ich schnappe mir den Fotoapparat, durchquere das Inselchen.

Ob der Moderator des MDR, Axel Bulthaupt, auch über diese kleine Insel streifte? Während einer Prominentenumfrage zur Jahrtausendwende, erzählte mir Axel Bulthaupt, dass er das Millenium auf Bora Bora erlebt. Wie hatte ich ihn damals darum beneidet, zumal er nach seiner Rückkehr aus dem Schwärmen kaum heraus kam.

Zwei fesch aussehende, schon etwas ältere Insulanerinnen – wenn sie lachen, brennt die Luft – kredenzen frisches Obst: Ananas, Melonen, Kiwi, Mango... liebevoll zurecht gemacht. Hier fliegen einem wirklich im übertragenem Sinne die gebratenen Tauben ins Maul. Bora Bora – ein zweites Mal? »Warum nicht?«, sagt W. auf dem Weg zum Bootssteg.

Wieder stimmen der Bootsführer und die drei Insulaner Melodien ihrer Heimat an. Bei BORA BORA, dem weltbekannten Schlager von Tony Marshall, der Ehrenbürger von Bora Bora ist, singen wir kräftig mit. Es ist, als hätte das Boot Flügel, und uns zu Füßen liegt das Paradies. Eine verzauberte Atmosphäre, in der man jeden Augenblick festhalten möchte für die Ewigkeit...

Tahiti und Gauguin

Gestern auf Bora Bora, heute auf Tahiti. Die Hauptstadt Papeete mit ihren prachtvollen Kolonialbauten, umgeben von gezackten vulkanischen Bergrücken, übt einen besonderen Reiz aus. Gern würde ich hier ein Stück des Wegs gehen, aber wir haben uns für den Ausflug »Auf den Spuren des Malers Gauguin« entschieden. Seine Geschichte ist eng mit Tahiti verbunden, hat der Franzose doch viele Jahre hier gelebt, gearbeitet, mit seiner Malerei Tahiti ein besonderes Denkmal gesetzt. Bei der Fahrt ins Landesinnere fällt, wie überall auf den polynesischen Inseln, die Sauberkeit auf. Auch die ungezwungene Art der Leute ist bestechend. Unsere Busfahrerin Navea sieht aus, als habe sie mit ihrer farbenfrohen Kleidung und dem pechschwarzen Haar bei Gauguin Modell gesessen. Dolmetscherin Isa, eine Deutsche, lebt seit 28 Jahren in der Südsee. Nach wenigen Kilometern ein erster Halt. Wir stehen vor einem Grab, das einer Flasche ähnelt. Hier liegt Pomare V., der letzte König Tahitis, der gegen eine Rente der französischen Regierung abdankte. Bei den Einwohnern ist er ein Held, obwohl sein Lieblingslikör ihn letztlich umbrachte. Im Heimatmuseum ist anschaulich dargestellt, wie die Urbevölkerung lebte und arbeitete, welchen Sitten und Bräuchen sie frönte, die heute weitestgehend vergessen sind. Schuld daran, dass diese Ursprünglichkeit und der Erhalt kultureller Identität nicht mehr vorhanden sind, ist die Missionierung. Mit geistiger, aber vor allem körperlicher Gewalt stülpten die Missionare den Ureinwohnern ihren Glauben, ihre Kultur über, »befreiten« sie von ihren heidnischen Göttern, zerstörten ihre Tempel… »Es gibt vereinzelt Bestrebungen, sich auf das Alte wieder zu besinnen«, sagt Isa, zeigt dabei auf die am Wegesrand stehenden Stein–oder Holzfiguren, Tiki genannt. Diese Götterstatuen sollen übernatürliche Kräfte besitzen. Im Garten des Gauguin-Museums steht eine solche übergroße jahrhundertealte Ahnenfigur. »Bitte berühren sie diesen Tiki nicht«, warnt Isa, weil sie weiß, was sie sagt, nämlich, dass Leute, die die Figur berührten, an unbekannten Krankheiten gestorben sind. »Dieser sehr alte Tiki wurde in einem Wald gefunden. Arbeiter wurden beauftragt, die Figur zu bergen und hierher in den Museumsgarten zu bringen. Tatsache ist, dass alle Bauarbeiter kurze Zeit später das Zeitliche segneten«, sagt sie weiter. Ob Tatsache oder Legende, die Menschen hier verehren ihre Ahnen. Das haben sie sich von den Missionaren nicht nehmen lassen. Also fotografiere ich den übergroßen Tiki im Malergarten nur. Das Verrückte dabei: Tage später bekomme ich eine Allergie, fühle mich in meiner Haut nicht wohl. Hätte ich den Tiki auch nicht fotografieren dürfen? Ein paar Tage verfolgt mich der Gedanke. Aber zurück zum Gauguin-Museum. In ihm sind keine Originale, nur Duplikate zu sehen. Dennoch ist der vermittelnde Eindruck in die vielseitige künstlerische Arbeit, in Gauguins Alltag, bleibend.

Auf dem Weg zum Schiff gibt Isa ein wenig Persönliches zum Besten. Als junges Ding mit dem Rucksack durch Australien und Neuseeland getrampt, heuerte sie in Genua auf einem Handelsschiff an. Auf ihm schipperte sie Jahre über alle sieben Weltmeere, bis sie der Liebe wegen auf Tahiti hängen bleibt. Ihr erwachsener Sohn studiere Jura in Amerika, erzählt sie. Nein, nach Deutschland wolle sie nicht zurück. »Meine Ehe scheiterte nach Jahren. Die Kulturen sind zu verschieden. Aber ich schätze das tahitische Leben. Es gefällt mir hier sehr gut. Die ersten Jahre lebten wir in einer einfachen Palmenhütte. Unterm Dach nisteten Salamander, Gekos, Kakerlaken… Das war für mich schwierig, aber was tut man nicht alles aus Liebe«, sagt sie seufzend, fügt an: »Heute habe ich eine schöne Stadtwohnung, arbeite als Reiseleiterin, genieße das tropische Flair. Einmal im Jahr fahre ich nach Baden-Württemberg in meine alte Heimat. Nach 14 Tagen beginnt das Heimweh nach meinem Tahiti…«

Das Schiff hat uns wieder. Da die Festmooker erst morgen früh fünf Uhr ans Werk gehen, überlegen wir, ob wir noch einmal von Bord gehen ins abendliche Getümmel mit den fahrbaren Miniküchen, die zu Leckerlis einladen oder an Bord einer tahitischen Folkloregruppe zusehen. Da wir beizeiten aus den Federn müssen, entscheiden wir uns für letzteres, applaudieren Sängern und Tänzern, die uns in frühere Zeiten Tahitis mitnehmen…

Filmkulisse für Hollywood

Delfine gucken, lautet die Parole. Dazu müssen wir tendern, also vom großen ins kleine Schiff umsteigen, das uns zur Jolle fährt. Hinter uns das herrliche Panorama grüner Vulkanhänge von Moorea. Luxushotels lugen durch Palmen mit schneeweißen Stränden, bei dessen Besuch der ganze Südseezauber zu erleben ist. Moorea, so behaupten es Kenner, sei landschaftlich schöner als Bora Bora und diene deshalb viel öfter Hollywood als Filmkulisse. Man kann nur mit dem Kopf schütteln, wenn man hört, dass die Franzosen auf verschiedenen Atolls der Südsee Atomversuche starteten, damit eine Landschaft zerstörten, die unwiderbringlich ist. Den Protesten der Atomgegner sei Dank, dass wir uns in dieser wunderschönen Gegend aufhalten können.

Wir wissen, dass wir uns darauf eingelassen haben, nichts weiter zu sehen, als glasklares Wasser. »Die Kreiseldelfine«, so Georg, der frühere Bootsführer und heutige Medizinstudent »leben im Inneren des Riffrings und mit etwas Glück können wir ihre artistischen Sprünge sehen.« Anscheinend ist uns das Glück an diesem Vormittag nicht hold, denn wir fahren von einer Bucht zur anderen, von Delfinen jedoch keine Spur. Der Bootsführer wird sichtlich nervös, versichert ein ums andere Mal, dass er immer fündig wurde. Doch dann tatsächlich:

Delfine. So als wüssten sie, dass wir sie beobachten, springen sie aus dem Wasser. Mancher von ihnen hopst besonders hoch. Ich versuche zu fotografieren. Der Reiseleiter vom Schiff allerdings macht sich am Bug mit seinem Fotoapparat so breit, dass mir am Ende ein Schnappschuss bleibt. Besser als nichts. Übrigens gibt es ja viele Fotos, auf denen Delfine neben Kreuzfahrtschiffen einherschwimmen. Aus eigener Erfahrung können wir konstatieren: Das gibt's nur im Film, wie die Blumenkränze, mit der die Touristen in der Südsee begrüßt werden.

Zu kaufen gibt es Blumenkränze – aus Plaste. Die kann ich auch in Leipzig haben.

Passagiershow und Seemannsgarn

Wir sind auf dem Weg nach Samoa. 1280 Seemeilen liegen vor uns, das sind drei Seetage und -nächte. Wir lassen die Seele baumeln, hören uns Vorträge über Samoa und die Fidschi-Inseln an, liegen in der Sonne… Im Gästechor singe ich die dritte Stimme von Mozarts kleiner Nachtmusik. Den Leuten gefällt's. Mir auch.

Eine Show von Passagieren für Passagiere unter dem Motto: »Jeder kann mitmachen«, spricht zehn Leute und auch mich an. Und so schlüpfe ich in die Rolle des Moderators. Über eine Stunde Humor, Gesang, Couplees von SEEMANN LASS DAS TRÄUMEN über EIN BETT IM KORNFELD bis hin zu SOLE MIO – über 300 Passagiere erfreuen sich daran – es hat auch mir viel Spaß gemacht. Spaß und Glück gibt es auch wieder beim Bingo – ich gewinne 60 Euro.

Anna, eine hübsche Blondine aus der Pfalz, ist erst ein paar Wochen an Bord. Sie lacht und lacht, während sie mir ein Süppchen reicht. »Wollen Sie mal wissen, wie doof ich bin?«, fragt sie. Ich will. Und so erzählt sie mir, dass sie in der Bordküche Reis schälen sollte. Eine Aufgabe, die alle Neuen trifft. »Wie kann ich nur darauf reinfallen?«, fragt sie sich, schüttelt dabei ihre blonde Mähne. »Da sind Seeleute noch auf ganz andere Dinge reingefallen«, versuche ich sie zu beruhigen und erzähle, was mein Sohn während seiner ersten Reise auf einem Tanker erlebte. Er solle Briefe oder Karten schreiben, denn die Postboje käme bald, rieten ihm seine Kumpels. Er schrieb, nur die Postboje kam nicht. Auch die Kielschweinfütterung trifft fast jeden, habe ich mir erzählen lassen. So wird dem Neuling eine Schüssel mit Abfällen in die Hand gedrückt. Er solle das Kielschwein füttern. Die anderen Seeleute lugen aus ihren Verstecken, lachen sich halb tot, wetten, ob der Neuling tatsächlich bis ins Unterste steigt und das Kielschwein sucht. Oder den Poller an Deck mit einem Hammer auf die andere Seite bringen, ist auch so eine »Gemeinheit«. Lustiger finde ich dagegen die Geschichten, die sich der Urlaubsoffizier auf der damaligen »Arkona« ausdachte. »Natürlich, meine Damen und Herren, haben wir Hühner an Bord. Wo glauben Sie kämen sonst täglich die frischen Eier her?« oder » Unsere Kuh Lisa sorgt täglich für frische Milch …« Ich glaube, heutzutage fällt keiner mehr auf so etwas herein.

Ich bin die einzig Überlebende

Heute ist Sonntag, der 9. Januar.

Der Himmel strahlt und die Festmooker auch. »Hallo, good morning«, rufen sie uns zu. Der Hafen von Apia in der

Hauptstadt des seit 1962 unabhängigen Samoa macht einen verträumten Eindruck. Das ist er also, der Ursprungsort der ältesten Zivilisation im Südpazifik, deren Sitten und Sprache bis nach Hawaii und Tahiti verbreitet wurden. So hatte es der Lektor in seinem Vortrag über Samoa behauptet. Auch, dass dieses Volk größten Wert darauf legt, seine überlieferte polynesische Lebensart beizubehalten, die respektvoll Fa'a Samoa genannt wird.

An der Gangway stehen ein paar Männer im Wickelrock mit freiem vollständig tätowierten Oberkörper. Einigen Kreuzfahrerinnen überreichen sie eine Gardenienblüte, polynesisch Tiare. Auch mir drückt ein junger Samoaner die herrlich aussehende Blüte in die Hand, fragt, ob er mich tätowieren könne. Ausgerechnet mich? Wo ich doch gehört hatte, dass man nur junge Frauen tätowiert. Eine kleine Blüte auf die Haut, ein Andenken für immer,und man ist nie zu alt, radebrecht der junge Mann. Ein hinzu gekommener Dolmetscher erklärt mir, dass das Tätowieren für mich selbstverständlich kostenlos sei. Ich bedanke mich. W. hat mit Grinsen den Disput verfolgt, nimmt mich an die Hand. Wir wollen zur Cathedrale, die schon vom Schiff aus gesehen einen bombastischen Eindruck macht. Ich hatte Paul, W.s Freund, Flughafenpfarrer in Leipzig, versprochen, besonders schöne Gotteshäuser zu fotografieren. Wir warten den Gottesdienst ab, dann setzen wir uns, bewundern das schmuckvolle Kirchenschiff. Eine alte, europäisch gekleidete Dame von grazilem Wuchs, spricht uns im feinsten Deutsch an, erzählt, dass die Cathedrale von deutschen Architekten gebaut, 1905 eingeweiht wurde. »Ich gehe jeden Tag hierher. Das ist für mich ein Stück Heimat«, sagt sie und betont, dass ihr Großvater hier in Apia Prokurist einer Hamburger Handelsniederlassung war, dass ihre Familie, nachdem Westsamoa keine deutsche Kolonie mehr war, hier blieb. »Ich bin die einzig Überlebende. Wo soll ich hin? Meine Eltern, mein Mann, meine Tochter liegen hier auf dem Friedhof. Ich bin 90 Jahre alt. Bin hier geboren und bald wird der Herrgott mich auch zu sich holen. Ich freue mich jedes mal so sehr, deutsche Laute zu hören«, gesteht sie und lädt uns ein, mit ihr zu kommen, in ihre samoanische Familie, bei der sie jetzt lebt. »Ich werde da sehr gut versorgt. Sie waren früher bei meinen Eltern das Hauspersonal«, erklärt sie. Schade, dass wir die Einladung nicht annehmen können. Vor der Kirche wartet das Auto, das uns zum Anwesen des schottischen Schriftstellers Stevenson bringt, der unter anderem durch DIE SCHATZINSEL berühmt wurde. Es ist wie einst vor Jahren in Kuba. Der Besuch beim Nobelpreisträger Ernest Hemingway fiel wegen Desinteresse der Passagiere aus. Also organisierte W. einen Dolmetscher samt Fahrer. So wandelten wir im Park von Hemingway, hielten Andacht auf Bänken unter Palmen, auf denen der große Mann sich ausruhte, schauten in seine Villa durch breite geöffnete Fenster – der Zutritt zur Villa ist nicht gestattet – auf seine Möbel, die Bücherwände und auf die Kubanerinnen, die das Inventar bewachten, lauschten den Worten des mit großem Wissen um Kunst und Literatur ausgestatteten Dolmetschers namens Alfonso, der in der DDR Philosophie studiert hatte. Auch am Swimmingpool, ohne Wasser, saß eine Bewacherin. „Ist doch besser so, als arbeitslos", kommentierte Alfonso das Kuriosum. Im etliche Kilometer entferntem Fischerdorf hat Hemingway in Marmor auf dem Hauptplatz eine gute Sicht auf den Atlantik. Hierher ging der Dichter angeln, hier ließ er sich für DER ALTE MANN UND DAS MEER inspirieren. Einem Roman, der die Zeiten überdauert.

Erfurchtsvoll durchschreiten wir bei Stevenson einige Räume seines Hauses, die bestückt sind mit Alltagsgegenständen, Manuskripten, Fotos, Gemälden. Ein Nachfahre von Robert Louis Stevenson, der heute noch da wohnt, erzählt unter anderem, dass die Einwohner der Insel den Dichter, der seine ewige Ruhe über seinem Haus, auf dem Gipfel des Mount Vaea fand, sehr verehren. Er stand den Samoanern mit Rat und Tat zur Seite, half, wo er nur konnte. Auf der Fahrt zum Hafen, vorbei am imposanten Regierungsgebäude, legt der Fahrer einen Stopp am Markt ein. Leider sind nur noch jede Menge Bananen zu sehen und die sind wahrlich für uns nicht interessant. Interessanter dagegen ist der Preis für die Drei-Stundenfahrt. Am Schiff hatte man uns etwa fünf Dollar für die Stunde genannt. Der Fahrer verlangt 60 Dollar. W. gibt ihm dreißig. Künftig werden wir immer Zettel und Stift dabei haben, um uns den Preis vorher aufschreiben zu lassen. Ein letzter Blick auf die tropische verträumte Insel, auf die sich selten Touristen verirren, nimmt unser Schiff Kurs auf die Fidschi-Inseln. Beim Abendessen legt sich die weiße Lady plötzlich stark auf die Seite. Einige springen auf, werden hysterisch, brüllen: Wir kentern. Nichts mit Kentern. *Das Schiff* vollführt eine scharfe Kehrtwendung. Es geht zurück nach Samoa. Ein Besatzungsmitglied muss ins Hospital. Der Bordarzt kann nicht helfen. Später erfahren wir, dass es den Concierge beim Volleyballspielen erwischt hatte. Lungenriss wird vermutet.

Den 10. Januar, den gibt es hier nicht. Das hat etwas mit der internationalen Datumsgrenze zu tun, die eine Wiederangleichungsfunktion ausübt, damit kein Ort der Welt zeitlich mehr als zwölf Stunden vom anderen entfernt liegt. Das wird uns über den Bordfunk erklärt. Auch nicht schlecht – einen Tag eingebüßt.

Drei Sachsen...

Dienstag, 11. Januar

»Die Höflichkeit ist wie ein Schlüssel, der alle Türen öffnet.« Schönes Sprichwort, das sich die Kellnerinnen und Kellner, auf dem Schiff heißt das Steward und Stewardess, an die Fahnen heften können. Sie sind, wie alle Servicekräfte sehr aufmerksam und zuvorkommend. Deshalb widme ich drei Sachsen einen kleinen Tratsch, den ich an die LEIPZIGER RUNDSCHAU schicke.

Da ist Nicol, eine Leipzigerin. Sie lernte in Apels Garten Restaurantfachfrau, ging nach Irland und von da aus aufs Schiff. »Es ist eine Superarbeit. Mir gefällt es wunderbar. Ich bereue meinen Entschluss keinen Tag. Zumal mein Freund als Koch an Bord arbeitet«, erzählt sie. Torsten, groß, rank und schlank, aus Ortrand, sieht in seiner Gala-Uniform aus wie ein Playboy. Er meint: »Ich hätte nie gedacht, dass auf See arbeiten so viel Spaß machen kann. Wir sind ein tolles Team, verstehen uns gut.« Auch er ging nach seiner Lehre, die er im Sauerland machte, ins Salzburger Land, in ein Familienhotel, später nach Australien. Der Maitre de Hotel stammt aus Dresden, fährt seit Jahren zur See. Zwischendurch arbeitete er immer mal wieder an Land. »Schön mal zu Hause zu sein, aber was will man gegen die magnetischen Kräfte des Meeres machen?« Für ihn sind die Malediven und Kapstadt die schönsten Fleckchen der Erde.

Mit dem Häuptling Kava trinken

Mittwoch, 12. Januar

Der Legende nach, so weiß der Bord-Lektor, führte der große Fidschi-Häuptling Lutunasobasoba, weit bevor Kolumbus den Atlantik überquerte, sein Volk auf aus Holz gebauten Katamaranen über die Meere in ihr neues paradiesisches Land, eine Gruppe von 320 Fidschi-Inseln. Und auch hier landeten später, wie allerorts in den Gefilden des Atlantik, die Europäer mit ihrer »Hochkultur«, machten kaputt an geistigen und kulturellen

Werten, was kaputt zu machen ging. Die Missionare sahen sich als die besseren Menschen, von denen allerdings nicht wenige im Kochtopf landeten. Das gehört längst der Vergangenheit an. Dennoch kommt mir manches bekannt vor. So zählten unsere Werte, unser Leben in der DDR, 1989 nichts mehr. Böse behaupteten sogar, dass wir erst mal lernen müssten, mit Messer und Gabel zu essen und begreifen müssten, was Arbeiten bedeutet... Tolle Blüten im Namen der Freiheit...

Wir laufen bei strömendem Regen in den Hafen von Suva ein. Es ist die Hauptstadt der Insel Viti Levu, der Hauptinsel der heute unabhängigen Republik, in der etwa 8000 Menschen leben. Hätten wir das Wetter voraus ahnen können, wäre der Ausflug, den wir uns ausgesucht hatten, nämlich »Navua River Bootsfahrt«, bestimmt ins Wasser gefallen. So sitzen wir im Bus, fahren auf holprigem Pflaster ins Landesinnere, vorbei an üppiger Vegetation, umgeben von kleinen ärmlich scheinenden Dörfern und reißenden Bächen. In der Ferne grüßen Vulkanberge. Wir lassen unseren Gedanken freien Lauf. Man könnte auch sagen: Wir dösen vor uns hin. An einem Flussufer steigen wir in 10-Sitzer-Außenborder Motorboote – es regnet nicht mehr – und fahren gute 20 Minuten stromaufwärts teils im seichten Gewässer, teils über Stromschnellen. Die mit tropischem Farn und Gräsern bewachsenen Flussufer wechseln sich ab mit steilen Felswänden, von denen sich kleine Flussläufe aus dem Urwald stürzen. Die jungen Fidschis, die die Boote steuern, wetteifern, wer zuerst am Wasserfall ist. Sie haben so viel Freude dabei, dass wir die Wasserschwaps geflissentlich übersehen. Während einige Passagiere den aus dem Dschungel stürzenden Wasserfall fotografieren – meine Kamera bleibt im Plastebeutel, schließlich habe ich schon ganz andere Wasserfälle im Bild fest gehalten – öffnet der Himmel seine Schleusen erneut in einer unbeschreiblichen Wucht. Im Nu sind wir klitschnass. Da hilft kein Schirm, kein schützendes Etwas. Völlig der Natur ausgeliefert, tapsen wir an Land. Schöne Bescherung. Da plötzlich, wie aus heiterem Himmel, steht auf dem Dschungelpfad ein breitschultriger, schwarz bemalter Einheimischer im Bastrock mit einer Axt auf der nackten Schulter. Ein furchterregender Anblick mitten im Dschungel. »Der Häuptling möchte euch sehen«, sagt er. Gogo, der einheimische Reiseführer, übersetzt. Und so wandern wir mit ihm zum Dschungeldorf Navaku, das rechts und links aus dürftigen Bambushütten, mit einem schmalen Kiesweg in der Mitte, besteht, auf dem wir – noch immer ist das Tropengewitter in vollem Gange – hintereinandergehend dem Männerhaus zustreben. Frauen und Kinder winken uns zu, amüsieren sich über unsere, durch den Regen gezeichneten, nicht gerade freundlichen Gesichter. Häuptling Lutunas und seine Mannen laden zu einer Kava-Zeremonie – ein Beweis ihrer Freude und Gastfreundschaft. Das Getränk, das in einer Holzschale von Mund zu Mund geht, wird aus Baumwurzeln gewonnen, ist fast geschmacklos. Es ist das Festtagsgetränk. Wir sitzen auf dem Boden, schauen den jungen, fast nackten, bunt bemalten Buschmännern bei ihren Kriegstänzen zu, stimmen in den Gesang ein, vergessen, dass wir wie die Wasserhähne tropfen.

Immer noch blitzt und kracht es, donnert der Regen auf das Palmendach, das sich langsam nach unten biegt. Gogo drängt zum Bus, der am Dorfende steht. Wir sind nass bis auf die Haut, aus den Schuhen schwappt das Wasser. Es ist zwar schwülwarm, dennoch unangenehm. W. sorgt immer mit Pullover, Handtüchern vor. Wir ziehen uns um. Ich wickle mir ein Handtuch um die Hüften. W.s Pullover wärmt und die Hosen haben wir zum Trocknen aufgehängt. Ein Mitreisender, der sich bis auf die Unterhose auszieht, macht seine Späßchen mit dem soeben zu sich genommenen Kava-Getränk. »Ich habe gleich mehrere Schlucke gemacht. Soll doch bei Potenzschwierigkeiten helfen. Mal sehen, ob es klappt. Bis jetzt merke ich noch nichts.« Andere schauen sich die soeben gemachten Fotos an, geben lustige Kommentare ab. Ricardo Marinello, Gewinner der ersten Staffel von DAS SUPERTALENT stimmt eine italienische Weise an, andere singen mit. So vergeht die Heimfahrt wie im Fluge. Ab und an halten wir den Atem an beim Überqueren von Behelfsbrücken, unter denen die Flut immer mehr anschwillt.

Das Problem mit dem Klavier

Während wir uns von innen besehen, schwimmt unser Dampfer 1219 km oder 658 Seemeilen weiter bis nach Lautoka, der drittgrößten Stadt von Viti Levu. Auch hier ist der Himmel wolkenverhangen. Regen, Regen. Ein Glück, dass wir an Bord bleiben können, keinen Ausflug buchten. So lautet für uns die Devise: Gammeln, alle Fünfe grade sein lassen. Wir schauen uns einen Film an, gehen in die Lounge zum Kaffeetrinken. Ich genehmige mir ein Stück Schwarzwälder Kirschtorte. W. verspeist ein Stück Quarkkuchen. Mit der Kaffeehausmusik scheint es Probleme zu geben. Zwei Filipinos sind dabei, das Klavier auf die Bühne zu hieven. Das erinnert mich an die Anfänge meiner journalistischen Laufbahn. Ich hatte den Auftrag vom Chefredakteur der LVZ, Bertolt Brecht, der in den Leipziger Kammerspielen ein Stück inszenierte, zu einer politischen Situation zu befragen. Zu welcher, weiß ich nicht mehr. Ehe ich den Star unter den Stars aufsuchte, las ich stundenlang in seiner Biografie. Schließlich ist die Recherche das wichtigste Hilfsmittel für einen Journalisten. Mit Zittern und Zagen machte ich mich auf den Weg, zumal man mir prophezeit hatte, dass Brecht ein ganz schwieriger Typ sei. Einige Arbeiter im Foyer schimpften auf den großen Meister, der nicht wisse, was er wolle. Klavier rauf auf die Bühne, Klavier runter von der Bühne… Das kann ja heiter werden. Ich schlich mich auf die erste Reihe. Plötzlich lautstark eine Stimme: »Was wollen Sie denn hier?« Kleinlaut gestand ich, dass ich einen Termin mit Herrn Brecht habe, ich angemeldet sei. In der nächsten Minute saß B.B. neben mir, verwickelte mich in ein Gespräch über das Leben und Treiben in Leipzig. »Na, kleines Fräulein, und worauf soll ich antworten?«, fragte er plötzlich, mir auf den Schenkel greifend. Ich nannte ihm die Fragen, er diktierte mir in den Block. Als ich mich bedankte, ihm zusicherte, den Text vorzulegen, meinte er in etwa: »Nicht nötig, du wirst es schon richtig machen.« Erst später wurde mir bewusst, was für ein Glück ich hatte, so einen bedeutenden Künstler getroffen zu haben.

Windstärke 12 und Frühstück im Bett

Am Abend werden bei uns die Schotten dicht gemacht, das heißt, unsere großen Kabinenfenster werden wieder mit Stahlplatten versehen. Kein gutes Zeichen. Kaum aus dem Hafen, fängt die Schaukelei auch schon an. Da ist es am besten, sich in eine waagerechte Position zu bringen. Wir geraten in die Ausläufer eines Zyklons, der uns die ganze Nacht durchschüttelt. Wieder knarrt und ächzt unser Kahn erbärmlich, faucht und holpert es, dass mir Angst und Bange wird. Schließlich schnappe ich mein Bettzeug, lege mich in das große Bett von W. Er nimmt meine Hand, und so schlafe ich endlich ein. Am nächsten Morgen hat sich weder der Wind gedreht, noch ist der Zyklon von dannen gerauscht. W. meint, er gehe zuerst duschen, steht auf, kann sich nicht auf den Beinen halten. Auf allen Vieren kriecht er zur Toilette. Ich will Kraft meiner Wassersuppe zeigen, dass ich besser auf den Beinen stehen kann. Denkste. Ich fliege gegen den Schrank, so dass mir mehrere Tage die rechte Schulter schmerzt. In unseren beiden Räumen liegt alles quer durcheinander. Sämtliche Klamotten sind auf den Teppichen verstreut. Die Obstschale landet in einem der Kästen, die, so wie sich das Schiff bewegt, immer auf und zu gehen. Die Gläser rollen hin und her… Die Wellen bis zwölf Meter hoch klatschen an die Stahlplatten. Ein schauriges Schauspiel, das uns der Klabautermann da bietet. Also ist nichts mit Aufstehen. Wir beschließen, im Bett zu frühstücken. Ich rufe die Rezeption an.

Minuten später erscheint Ober-Steward Philipp mit einem Tablett lauter schöner Sachen: Butter, frische Brötchen, Tee, Kaffee, Wurst, Käse, Schinken, Eier, Obst. So, als würden wir am Tisch sitzen, serviert er, ganz fest auf seinen Beinen stehend, das Frühstück. Gelernt ist eben gelernt. Seekrank sind wir beide nicht. Nur mit dem Laufen bei Windstärke 12, da hapert es. So lassen wir es uns wie die Fürsten im Bett gut gehen, futtern, was das Zeug hält. Am frühen Nachmittag schälen wir uns aus den Federn, duschen, machen uns ausgehfein, gehen Kaffeetrinken, später Abendessen und hören mal rein in den Bordtratsch. Viele amüsieren sich über eine langgewachsene Frau mit wallend langem weißblondem Haar. Manchmal trägt sie auch Zöpfchen, wie Pippi Langstrumpf, und stets eine Blume im Haar. Sie scharwenzelt wie ein Star über's Schiff. Die vergangene Nacht allerdings stand sie früh um vier Uhr an der Rezeption, ausgerüstet mit Schwimmweste und Weißbrot in der Hand und weinte. Sie habe Angst. Der Bordpfarrer tröstete, hielt Händchen, auch noch bei anderen Passagieren.

Am frühen Morgen wird über den Bordfunk mitgeteilt, dass der Ausflug auf die unbewohnte Insel Ile des Pins ins Wasser fällt. Kein Ankern durch die stürmische See möglich. Wir sind Windboen von bis zu 140 Stundenkilometer ausgesetzt. Wenn uns das vor St. Helena passiert wäre. W.s Traum: »Einmal in meinem Leben möchte ich den Fuß auf diese Insel setzen, mir anschauen, wie Napoleon da lebte.« Nur deshalb bestiegen wir vor ein paar Jahren »Astoria«, die frühere »Arkona«, um mit ihr Afrika zu umrunden. Der Kapitän machte uns einen Tag vor St. Helena wenig Hoffnung, dass sich W.s Traum erfüllt. Von zehn Kreuzfahrtschiffen hätten im Höchstfall drei das Glück, vor der Insel zu ankern. Früh gegen drei Uhr tragen die Wellen noch Schaumkronen. Der herrliche Sonnenaufgang scheint das Meer so zu beeindrucken, dass es nahezu stillsteht. Neptun ist eben ein Schatz. Vor uns schimmert das rotgoldene Lavagestein fast bis zum Himmel. Das also ist das Pünktchen im südlichen Atlantischen Ozean, das W. so begehrt. Ein faszinierender Anblick und die Frage, was verbirgt sich hinter dem Felsgestein? Die Ankerketten rasseln, die Boote werden heruntergelassen. Kräftige Männer halten uns beim Sprung auf das Eiland. Die wenigen Stege sind von kleinen Booten besetzt. St. Helena besitzt weder einen richtigen Hafen noch einen Flugplatz. Die knapp 5000 Inselbewohner leben so in aller Beschaulichkeit. Wir besteigen einen der wenigen Busse, die es hier gibt. Die Kargheit vom Schiff aus gesehen, verwandelt sich in einen blühenden Garten. Auf mit Tannen und Kiefern umgebenen Hängen tummeln sich Kühe. Ein Anblick wie im Thüringer Wald… In einer Talbucht von Longwoode – weithin sichtbar die Trikolore – liegt, umgeben von einem Blütenmeer, das Grab Napoleons. Es ist eine Gedenkstätte. Seine Gebeine liegen in Paris. Wenige Kilometer vom heute leeren Grab entfernt, wohnte der Monarch mit seinem Gefolge bis zu seinem Tod. Auch hier die Trikolore, die anzeigt, dass dieses Terrain den Franzosen gehört. Wir betreten respektvoll das gepflegte Anwesen. Das Haus steckt voller Erinnerungsstücke. In einem der sechs Privatzimmer stehen die Schachfiguren, als beginne gleich die Partie. Das Bett, in dem er starb, füllt einen Raum. Daneben ein sanitärer Bereich mit der Zinkbadewanne, in dem der Kaiser heiße Bäder nahm, wie der Dolmetscher erzählt. Der Speisesaal ist für die dortigen Verhältnisse prunkvoll eingerichtet, als würden die Herrschaften jeden Moment Platz nehmen…

Wir schaukeln nun schon den dritten Tag durch die aufgewühlte Südsee. Mir bleibt Zeit, weiter über Napoleon und sein verfluchtes Helena zu schreiben.

Der Monarch legte bis zuletzt Wert auf Etikette, so ist zu hören. Täglich sei er ausgeritten, habe im Garten mit von ihm gepflanzten Rosen gesprochen, seine von ihm gepflanzten Bäume gepflegt, von denen immerhin noch drei in den Himmel ragen. Im Garten des englischen Gouverneurs schäkert W. mit Jonathan. Das soll die älteste Schildkröte der Welt sein. W. krault ihren Hals, den sie immer weiter herausreckt. Putzig, wie sie W. hinterher schleicht, als der Tschüss sagt.

Nachdem wir die 15 Kilometer lange und 11 Kilometer breite Insel umrundet haben, stehen wir an der Jakobsleiter, die 699 in die Felsen gehauene Stufen hat und damit in die »Hauptstadt« Jamestown führt. Einige Mutige machen sich auf den Weg. Wir ziehen vier Räder vor, schlendern durch die City, die aus Häusern rechts und links der Straße besteht. Kein Mensch ist zu sehen. Auf dem Postamt gebe ich zwei Karten auf. Nur wegen der Marken, die begehrt wären bei Sammlern. Auch wandert ein halbes Pfund Kaffee in meine Tasche. Das sind für 20 Dollar die teuersten Bohnen, die ich je kaufte. Es sei der Queen liebster

Kaffee. Das treibt bei den wenigen Kaffeebäumen auf der Insel natürlich den Preis in die Höhe. Ehe wir wieder das Boot besteigen, werfen wir noch einen Blick in die Kirche von Half Tree Hollow, dem Vorort von Jamestown. »Wir haben Sie erwartet«, sagt der Bischof, führt uns durch sein kunstvoll geschmücktes Kirchenschiff, bittet uns zu Kaffee und Kuchen. Nicht aus Höflichkeit, sondern ehrlichen Herzens bedanken wir uns dafür. Hier könnten die Schiffs-Konditoren lernen, was guten Kuchen ausmacht. Voller Euphorie verlässt W. dieses überseeische Gebiet. Ob dieser Napoleon-Begegnung Literarisches folgt? Und ob auch unser Besuch einige hundert Kilometer weiter auf Ascension da einfließt? Auf alle Fälle gehört diese 91 Quadratkilometer große Insel vulkanischen Ursprungs zu St. Helena, ist britisches Gebiet mit militärischem Einschlag. Im Falklandkrieg 1982 nutzte die britische Luftwaffe den Flughafen als Zwischenstopp. Hier leben nicht einmal tausend Leute. Kein Wunder bei dieser kargen Lavalandschaft. So könnte es auf dem Mond aussehen. Es geht ja seit Jahrzehnten das Gerücht um, dass die Amis gar nicht auf dem Mond landeten, sondern den Mondaufenthalt hier simulierten. Verbürgt ist, dass auf dieser Insel für den Mondflug trainiert wurde. Wir laufen zur Hauptstadt Georgetown. Rechts und links des Wegs kein Baum, kein Strauch. Vor manchem Haus – hier wohnen wohl an die 500 Leute – strecken ein paar kümmerliche Blüten ihre Köpfchen hervor. Wenn die Charles Darwin sehen könnte. Als er vor fast 200 Jahren auf der Insel landete, war er so begeistert, dass er erklärt haben soll: »Diese karge Insel verwandle ich in einen Garten Eden.« Beim Wollen ist es geblieben. Wir wenden uns der Kirche zu. Ich schaue mir die am Eingang hängenden Porträts der Bischöfe an. W. wandert zum Altar. Plötzlich gibt's einen Knall. Das Kreuz ist umgefallen. Wenige Minuten später kracht es wieder. W. ist verschwunden. Schließlich finde ich ihn neben dem Harmonium auf dem Boden liegend. Er wollte mir ein Ständchen bringen, sagt er, dabei kippte der morsche Schemel um. Mir fiel das Herz in die Hosentasche. Um Gotteswillen. Erst das Kreuz, dann der Sturz. Hoffentlich kein schlechtes Zeichen. Am Kirchenausgang hängt ein Schild, auf dem zu lesen ist: Bitte Tür schließen wegen der wild umher laufenden Esel.

Die Seekrankheit hat Marinello fest im Griff

Unser Schiff scheint wie ausgestorben. Viele hat's erwischt, sie liegen in ihren Kojen, hoffen auf Besserung. Auf dem Weg ins Restaurant zum Mittagbrot treffen wir Ricardo Marinello. Er kommt gerade vom Arzt. Ihn hat die Seekrankheit fest im Griff. »Heute abend muss ich fit sein, wie soll ich das nur schaffen?«, fragt er sich. Der 22jährige Tenor fährt als Stargast mit von Acapulco bis Sydney. Es ist seine erste Schiffsreise. Sein Vater, ein Italiener, begleitet ihn. Vor Tagen hatte mir Ricardo erzählt, dass er als Supertalent 100.000 Euro Siegprämie erhalten habe. Seine Vorbilder seien Luciano Pavarotti und Andrea Bocelli, und er hoffe, eines Tages in ihre Fußstapfen treten zu können. Marinello erinnert mich an einen tapsigen Bär, der ein wenig in den Tag hinein lebt. Ein Urteil, das völlig falsch sein kann. Am Abend steht er tatsächlich auf der Bühne. Italienzauber und Wiener Klänge hat er sein Programm genannt. Ab und an trifft er den Ton nicht exakt. Liegt es an den schwankenden Planken? In Wien oder München möchte er seine Stimme ausbilden lassen. Viel Glück.

Blaue Berge – Leipziger Wertarbeit

Die schönste Hafenstadt der Welt kommt immer näher. Sydney – eine faszinierende Bilderbuchidylle. Oft schon auf dem Papier oder im Fernsehen bewundert, jetzt in greifbarer Nähe. Das Opernhaus mit den aufgeblähten Segeln, die Wolkenkratzer, die größte Bogenbrücke der Welt, im Volksmund Kleiderbügel genannt. Wir können kaum erwarten, an Land zu kommen. Pech. Zuerst ist Reede angesagt. Im Hafen gibt es zurzeit keinen Liegeplatz. So begnügen wir uns mit Warten. Doch schon bald hat uns die australische Polizei und der Zoll im Griff. Wir waren schon vorgewarnt, dass die hiesigen Behörden die Amis noch übertreffen würden. Aber dass das so ausartet. Haben Sie Tbc, sind Sie kriminell, drogenabhängig und weitere Fragen sind schriftlich zu beantworten. Mit diesem Fragebogen und dem Pass hat sich jeder Passagier der Polizei vorzustellen. Bei über 400 Passagieren und vier Polizisten ein Geduldsspiel. Einer der Passagiere in der langen Schlange meinte, das erinnere ihn an die Kontrollen in der DDR und schon macht eine Story nach der anderen die Runde, was Westdeutsche bei den DDR-Kontrollen für schlimme Dinge erlebten…

Kein Obst, kein Gemüse, kein Brot, kein nix an Lebensmittel darf von Bord, wird wiederholt gewarnt. An der Gangway stehen Zöllner mit Hunden, die den kleinsten Brotkrumen erschnüffeln könnten, heißt es weiter. Ein paar Stunden später wird das Schiff freigegeben, die Ausflugsbusse warten schon. Die Zöllner mit ihren Hunden stehen tatsächlich an der Gangway. Wir haben uns für die Blauen Berge entschieden. Einen Ganztagesausflug, der in einem Tierpark beginnt. Hier begegnen wir einer einzigartigen Tierwelt. Am Eingang ist ein kleiner kuschliger Koalabär zu streicheln. Auch die im Park zuhauf herumhüpfenden Kängerus warten auf Liebkosungen. Sicher die Krokodile, Schlangen auch. Aber da lassen wir lieber die Hände davon. Farbenprächtige Papageien machen durch Lärm auf sich aufmerksam. Fotostopp bei den Koalas. Mit und ohne Rangerhut für einen Dollar. Die Wombats – wohl nur in

Tasmanien in freier Wildbahn – dösen vor sich hin. Der Shop bietet, was das Herz begehrt, und so mancher Passagier vergisst dabei die Umwelt und seine Mitmenschen, nimmt mit einem Lachen sogar die bösen Worte in Kauf, mit denen sich die im Bus Wartenden Luft verschaffen.

Ingrid, unsere Reiseleiterin besänftigt. »Sie haben doch Urlaub«, sagt sie, lacht und erzählt ihre kleine Geschichte à la GOODBYE DEUTSCHLAND. »Ich hatte ein kleines Baby. Dennoch beschlossen mein Mann und ich, mit einer Pfadfindergruppe durch die Welt zu reisen. Unser erstes Ziel lautete Australien. In Frankfurt auf dem Flughafen zeigte mir eine Frau den Vogel, als sie von unseren Vorhaben hörte. Mit einem Baby geht man doch nicht auf solche Reise. Wir waren jung, voller Ideen, wollten was erleben. Das geht doch auch mit einem Baby, dachten wir uns. Es ging. Unsere Tochter ist heute 43 Jahre, hat studiert, eine Familie gegründet. Sie sehen, wir blieben in Australien hängen. Amerika, Afrika, das blieben Träume. Nie haben wir bereut, in Sydney zu bleiben. Wir haben ein schönes Haus, unmittelbar am Strand. Mein Mann ist Universitätsprofessor, ich war Lehrerin, begleite aus Spaß an der Freude deutsche Touristen und bin dadurch heute mit Ihnen auf Tour.«

In der Zwischenzeit sind wir wieder vollzählig. Der schmucke, elegante, vollklimatisierte Bus chauffiert uns durch die Metropole, in der 140 Nationen leben, zu den Blue Mountains, den blauen Bergen, die sich unweit der Stadt ausbreiten. »Diese Gebirgskette ist von Schluchten durchzogen, in denen Millionen Eukalyptusbäume stehen. Das verdunstende Eukalyptusöl verleiht der Gegend die charakteristische blaue Farbe. Linker Hand eine Felsgruppe, die besonders ins Auge sticht. Das sind die berühmten Three Sisters«, erzählt Ingrid. Der Eingeborenenlegende zufolge lebte ein Vater mit seinen drei Töchtern hier fröhlich und vergnügt, jedoch immer auf der Hut vor dem bösen Zauberer, der am liebsten junges Menschenfleisch verzehrte. Einmal musste der Vater einkaufen gehen, bat seine Töchter höllisch aufzupassen, sich nicht vom Fleck zu rühren. Sie jedoch hatten schnell ihr Versprechen vergessen, tobten und wären beinahe in die Fänge des Zauberers geraten. Der Vater sah das Malheur, verwandelte seine Töchter zum Schutz in Felsgestein. Dabei fiel ihm jedoch der Zauberstab aus der Hand, der in die tiefen Bergschluchten stürzte, und so warten die Drei noch heute auf ihre Erlösung. Erlöst werden wir von den strapaziösen schmalen Wegen schließlich durch die Scenic Railway – eine Bergbahn, die ursprünglich zum Transport von Bergleuten und Kohle gebaut wurde. Mit ihr sausen wir in knapp zwei Minuten nahezu senkrecht 445 Meter in die Tiefe und machen eine sonderbare Entdeckung. Deutsche Wertarbeit steht auf einem geschundenen Schild. »Sind unter uns Leipziger?«, fragt Ingrid. Ja, erklären wir, ein wenig stolz, aus dieser Stadt zu kommen, die selbst im fernen Australien ihre Spuren hinterließ. Ingrid spricht über die 1880 in Betrieb genommene Kohlegrube, deren Ausrüstung in Leipzig gebaut, mit der Bahn bis Triest transportiert, da auf ein Schiff verladen wurde und so schließlich auf dem fernen Kontinent in den »Blauen Bergen« landete.

Wieder zurück verholt *das Schiff* schließlich zum Liegeplatz am Passagierterminal. Romana, die Kreuzfahrtdirektorin, die uns am Abend zuvor noch eine Stunde in der Kabine besuchte, geht auf Urlaub nach Österreich. Auch viele andere haben die Koffer gepackt, sagen ade und bye, bye, während andere spannungsgeladen auf die Einklarierung warten.

Wir lassen den Tag Revue passieren. Dabei erzähle ich W. von unserem geplanten Australientrip vor gut 12 Jahren. Wir hatten alle Papiere, einschließlich der Flugtickets, wollten auf die »Arkona«, die in Sydney lag. Mein Mann wurde einen Tag vor der Abreise schwer krank, und ich hätte niemals gedacht, dass ich eines Tages meinen Fuß doch noch auf dieses große Stückchen Erde setze.

Die Kabinenstewardess bringt das neue Ausflugsprogranm. Mit dem Wasserflugzeug über das Great Barrier Reef zu fliegen, das als phänomenal angepriesene Naturwunder aus der Vogelperspektive zu sehen, das wär's. Ich rufe im Ausflugsbüro an. »Mal sehen, was sich machen lässt, denn der Anmeldeschluss dafür ist vorbei«, sagt Rica.

Ein Feuerwerk erstrahlt am nächtlichen Sydney-Himmel. Die Skylines wechseln ihre bunte Reklame, aus der Ferne erklingen Softymelodien... Die Ankerketten mischen sich in die Melodien, Kommandos im Vorschiff schwirren übers Wasser, wir sagen danke, du schöne ferne Stadt, nehmen die schwindende Silhouette in uns auf.

Die Gangway klemmt

Vier Tage später sind wir in Townsville. Eigentlich sollten wir Brisbane anlaufen. Die Hochwasserkatastrophe machte es zunichte. Und den Landgang in Townsville bald auch. Die Gangway klemmt. Drei philippinische Techniker hämmern und hämmern, zwei geben Anweisungen, aber nichts rührt sich. Eine Stunde nach der anderen vergeht. Immer wieder beschwichtigt die neue Kreuzfahrtdirektorin die Passagiere. »Noch 10 Minuten...« Aber die Gangway will nicht, so dass endlich der Transporteingang für die Passagiere freigegeben wird. Wir sind auch dabei, fahren mit einem Pendelbus in die recht beschauliche, übersichtliche Stadt. Wie überall auf der Welt bieten Händler ihre Waren feil, verführen die Geschäftsauslagen zur Einkehr. In einem Laden kaufe ich einen Bumerang und einen Kängerukugelschreiber auf Visacard für meinen Enkel, werde dabei von einer Deutschen bedient. Sie sei aus Hamburg, der Liebe halber hierher gezogen und habe es bisher nicht bereut, versichert sie. W. hat es sich auf einem vor den Läden stehenden Stühlen bequem gemacht. Gute Idee, männliche Einkaufsmuffel auf diese Weise ruhig zu stellen.

Mit Wasserflugzeug über versteinerte Gärten

Wir schreiben den 24. Januar 2011 – »Astor« legt in Cairns an. Der Hauptstadt des tropischen Nordens von Queensland. Mit der Vogelperspektive hat's geklappt. Wir stehen an der Pier, warten auf den Lotsen, der uns zum Flugzeug bringt. Vom Bus steigen wir in ein Schlauchboot, fahren hinaus aufs Meer, klettern in das Wasserflugzeug und ab geht die Post. Mit uns sitzen vier weitere Passagiere in der Maschine. Ein erhebendes Gefühl, wie das Flugzeug das Wasser schneidet und sich dann in die Luft begibt. Wir überfliegen das uralte Reich versteinerter Gärten, finden kaum Worte für das Farbenspiel des tiefblauen Ozeans, der weiß umränderten Koralleninseln in schäumender Brandung. Sogar große Fische sind auszumachen. Ich sehe Schnorchler aus Booten springen. So klar, als springen sie unmittelbar neben mir. 30 Minuten sind wir in der Luft. Ich fotografiere. Leider geht das nur durch die Scheibe. Ich hoffe, dass mir wenigstens einige Aufnahmen für die Daheimgebliebenen gelingen. Am liebsten würde ich in die Welt hinausschreien: Leute, ich habe das getan, was ich bisher immer nur in Filmen sah – ein Wasserflugzeug gleitet mit mir und meinem Liebsten am anderen Ende der Welt über uralte Korallenbänke… Dabei hatte ich schon vor der Reise diesen

Flug wegen des Preises gedanklich gestrichen. Eigentlich muss ich mich dafür schämen.

Auf dieses außergewöhnliche Erlebnis verzichten des Preises wegen – das hätte ich mir im Nachhinein nie verziehen.

Beschwingt gehen wir am Nachmittag in die Stadt. Cairns soll noch eine junge Metropole sein, in der viele Studenten wohnen. Uns imponieren die breiten Straßen, die modernen Wohnhäuser, die aussehen wie geleckt, die Hotels, Banken, Spielcasinos, Kaufhäuser. Dazwischen Palmen und Blumen. Auffallend auch die Autos, die alle aussehen, als kämen sie soeben aus der Waschstraße. Dabei gilt die Gegend hier als sehr trocken, sehr regenarm. Warum ist das nicht auch in Leipzig so sauber? Ich kaufe und beschreibe ein paar Ansichtskarten, klebe Briefmarken darauf, stecke sie in einen roten großen Briefkasten. Natürlich kann ich's nicht lassen, das Einkaufen. Nur mal schauen, hatte ich mir vorgenommen. Ein T-Shirt lacht mich an. Sechs australische Dollar. Da ich zur Vorsicht schon kein Geld mitgenommen hatte, will ich mit Visacard zahlen. Der Verkäufer lächelt, winkt ab, sagt »No no Madam«, steckt das Shirt in einen Beutel, drückt ihn mir mit »thank you und good bye« in die Hand. Charmant, charmant. Wieder auf dem Schiff maile ich einen Beitrag an die LEIPZIGER VOLKSZEITUNG. Dazu das Foto, das W. mit dem Kapitän auf der Brücke zeigt.

Kaffeebesuch

Dienstag, 25. Januar

Erholung auf See und der Spruch des Tages: »Gib jedem Tag eine Chance, der schönste deines Lebens zu werden«, regt mich an, zum Bordfriseur zu gehen. Ich möchte, dass ich schön aussehe. W. hört sich die Vorstellung der Landausflüge Manila und Kanton an. Das ist immer interessant, hilft bei der Entscheidungsfindung. Am Nachmittag kommt lieber Besuch. Der Bordpfarrer mit seinem Freund. Mit ihnen bei Kaffee und Kuchen zu plaudern, macht Laune. Sie überreichen eine Einladung ins Haus von Max Liebermann. Da W. sowieso schon lange mal zu der Stelle am Wannsee wollte, an der sich Heinrich Kleist erschoss, wird es wohl mit dem Besuch etwas werden. Am Abend wird uns die Goldnadel des Clubs Columbus überreicht, dem wir seit ein paar Jahren angehören. Diese Mitgliedschaft hat Vorteile. Allein die 10 Prozent Rabatt für jeden Ausflug, das summiert sich. Den Tag beenden wir mit einem Schluck aus der Pulle. W. trinkt ein Gläschen Wodka, ich einen Madeirawein.

Der Egoist stirbt nie aus

Mittwoch, 26. Januar

Das Thermometer pendelt zwischen 26 und 28 Grad. Dazu weht eine kühle Brise. Nach dem täglichen Sektfrühstück – W.s besteht aus einem Brötchen mit Käse und Schinken, einem Obstteller und Tee, meines aus einer Scheibe Brot, belegt mit Tomaten, viel Pfeffer und einem Glas Sekt – machen wir es uns auf unserer Terrasse bequem. Für uns richtet die Stewardess täglich die Liegestühle. Wir müssen uns nicht um Liegestühle streiten, wie das hier Steuer – oder Backbord fast täglich passiert. Einige Passagiere rücken früh um sechs Uhr mit Handtüchern und Büchern an, belegen mehrere Stühle. Wenigstens zwei. Einen im Schatten, einen in der Sonne, obwohl des öfteren im Bordprogramm darauf hingewiesen wird, das nicht zu tun. Egoisten sterben eben nicht aus. Immer den vordersten Platz zu haben, ob im Bus, an der Theke, in der Lounge, am Pooldeck, dafür wird gerannt, gedrängelt, geschubst. Und wenn es nichts kostet, wie der Frühstückssekt, da wird getrunken, bis nichts mehr hinein geht.

Zyklon uns auf den Fersen

Neben uns in der Senatorensuite wohnen, ich erwähnte es bereits, eine Französin und ein Türke. Es sind angenehme Leute, mit denen wir uns ab und an treffen. Unser heutiger Treff fällt aus. Die Ausläufer des Zyklons »Yasi«, der über Teile von Queensland mit 190 Kilometer die Stunde hinwegrast, holen uns ein. Für uns ist die Welt wieder mit Brettern (Stahlplatten) »vernagelt« – die See peitscht, bäumt sich auf, um gleich wieder in sich zusammen zu fallen. Man kann gar nicht mehr von Wetter sprechen, das ist der Beginn der Hölle, meint ein Hamburger, der viele Jahre auf einem Frachter um die Welt fuhr und in der Bar vor einem großen Glas Wodka sitzt. »Bestes Mittel gegen Seekrankheit«, sagt er, »das wisse er aus Erfahrung.« Wir auch. Deshalb genehmigen wir uns einen Stolnitschnaja.

Krause Haare – Orchideenblüten – Paradiesvögel

Die Nacht ist kurz. Zweimal falle ich aus der Koje, krabbele wieder hinein, zähle Schäfchen, summe Lieder, aber der Schlaf hatte sich sicher vor Angst verflüchtigt. Gegen Morgen wird die See ruhiger – und plötzlich ruft's auf dem Schiff wieder Hallo. In den Restaurants herrscht Hochbetrieb. Jeder will vor dem Landgang noch ein gutes Frühstück zu sich nehmen.

Gegen 8 Uhr ist der Hafen von Madang in Sicht, der auch Friedrich-Wilhelm-Hafen genannt wird. Einst waren große Teile Papua-Neuguineas deutsche Kolonie. Madang ab 1895 die Hauptstadt. Landschaftlich sehr reizvoll, sehen sie aus wie Farbtupfer, die kleineren und ganz kleinen Inseln, die wir hinter uns lassen. Auch hier haben wir eine deutsche Dolmetscherin. Yvon kam wegen eines gut aussehenden jungen Burschen, der in ihrer Heimatstadt Stuttgart studierte, nach Madang. Sie heirateten, er hat einen eigenen Betrieb, sie arbeitet als Dolmetscherin, übersetzt Bücher ins Pisin, eine der Amtssprachen. Von ihr erfahren wir, dass auf der Haupt- und den zahlreichen Nebeninseln an die sieben Millionen Leute leben, die sich aus hunderten ethnischen Gruppen zusammensetzen und sich in etwa 800 Sprachen verständigen. Die Ureinwohner sind an ihren krausen Haaren zu erkennen. Etliche von ihnen hatten noch keinen Kontakt mit der modernen Zivilisation, manche sind aus ihren Dörfern im Hochland noch nie herausgekommen. Einige abgelegene Täler und ein Teil des dichten Regenwalds sind noch nicht erforscht. In den Wäldern gibt es viele Orchideenarten und die größten Schmetterlinge der Welt. Hier leben 38 Paradiesvogelarten. Für unsere Dolmetscherin selbst ist dieser Ausflug ins Hochland von Papua-Neuguinea auch eine Entdeckungsreise. Nach wenigen Kilometern endet die befestigte Straße. Der Bus holpert über Dschungelwege. Aber der Fahrer beherrscht sein Metier. An einer Kreuzung gibt es einen Fotostopp. Ein faszinierender Blick über die Wipfel der Bäume in das tiefe Tal. »Aufpassen!«, warnt Yvon. Das, was durch Blätter wie begehbar aussieht, kann optische Täuschung sein. Hier ist überall mit Fallgruben zu rechnen. W. muss mal. Er macht nur zwei Schritte und wäre beinahe einen Abhang hinunter gerollt. Nichts passiert. Weiter geht es über unwegsames Gelände immer tiefer in die von Nebel umhüllte Berg-Dschungel-Welt. Plötzlich ist Schluß. Kein Weg ist mehr zu sehen. »Aussteigen«, bittet Yvon, und wie aus dem Nichts taucht eine fast nackte Kinderschar auf. Wir werden wie die Fürsten von ihnen empfangen. Sie bewerfen uns mit Orchideenblüten. Ein paar Schritte dahinter stehen alle 68 Bewohner des Dorfes Haya, das in der Nähe liegt. Dazu gehören die 27 Kinder des Stammes der Kama. Das sind Nachkommen der Ureinwohner. Sie haben extra für uns »Weißgesichter« Palmendächer gefertigt, die uns vor der Sonne schützen. Ihre Stelzenhütten stehen im Halbkreis. Die kleine, selbst errichtete Schule, wie der Häuptling betont, steht auf der anderen Seite des Hauptplatzes. Schulbänke, ein bebildertes Abc an der Wand, ein Gedicht auf den Lehrer, ein kleiner Globus... »Einen meiner acht Söhne habe ich in die Stadt geschickt. Als Lehrer kam er wieder«, sagt er. Mit seinen zwei Brüdern hatte er einst das Dorf gegründet, in dem es auch heute noch keinen Strom, kein fließendes Wasser gibt. Sie haben weder ein Auto noch ein Radio, und ihren Tänzen nach zu urteilen, scheinen sie glücklich. Die Natur bestimmt ihren Lebensrythmus. Vieles hängt hier von der Palme ab. Sie liefert Nahrung, Baumaterial, ist Quelle für Medizin, für Kleidung, für Schmuck... Die Frauen tragen nur Röcke aus Gras oder Palmenwedelstreifen. Federn der Paradiesvögel schmücken ihr krauses Haar. Manche der Tänzerinnen verstecken ihre Brüste mit Palmenblättern, andere mit Muschelketten, andere sind bis zur Hüfte nackt. Die Männer verdecken ihr »bestes Stück« mit einem Lendenschurz aus der Rinde der Palme. Sie haben ihre nackten Körper bemalt. Ihr Kopfschmuck besteht aus Blättern und Haifischzähnen, am Gesäß stecken große Federbüschel, verziert mit Beuteltierfellen. Die Tänze und Lieder erzählen vom Alltag, der Verehrung der Natur, von Freuden und Leiden. Einige Jungs, so an die zehn Jahre, gekleidet wie ihre Väter, sind im Tanz noch etwas ungelenk. Es ist ein fantastisches Schauspiel inmitten des Dschungels, weit weg von der Zivilisation. Einige ältere Frauen hantieren mit Palmenblättern, fertigen daraus Teller. Darauf legen sie ein Stück vom Ferkel. Es ist in heißer Asche eines Erdofens gebrutzelt. Eigentlich wollte ich nicht kosten, aber die allgemeine Devise lautet: Augen zu und durch. Dabei schmeckt es vorzüglich. Auch die Ananasstücken, die kleine kraushaarige Mädchen verteilen. Ein kleiner nackter Junge rennt auf mich zu, tippt auf meine Hand und flüchtet in die Arme seiner Mama. Er hat, wie andere auch, noch nie weiße Leute gesehen. Ältere sind da schon mutiger, schütteln uns die Hände, zeigen auf den Fotoapparat, stellen sich in Positur. Eine Frau kommt mit ihrem Baby im Arm auf mich zu, strahlt in die Kamera, zupft mich an der Bluse, verschwindet in der Menge… Solch eine Herzlichkeit. Das fröhliche Gelächter klingt noch lange in meinen Ohren. Beim Spaziergang durch den dichten Urwald kann ich mich an den farbenfreudigen Orchideen, die direkt aus der Rinde der Bäume wachsen, kaum satt sehen. Schwarz weiß getupfte, ganz bunte, die wie Bücher aussehen. Dazwischen flattern Schmetterlinge. Auf einer Palmenkrone sitzt ein Paradiesvogelpärchen – ein Stück Paradies, auf das die Kamas stolz sind, wie der Stammesälteste, der uns begleitet, versichert. Yvon »bläst« zum Aufbruch. Wir sagen den freundlichen Menschen ade. Ihre Lebensart wäre nicht die meine. Allerdings wird man durch solche Begegnungen daran erinnert, wie abgehoben wir leben und dabei hin und wieder noch meckern. Auf dem Rückweg kommen wir in Madang, dem malerischen Hafenstädtchen am Markt vorbei, auf dem unter lautem Gelächter um Obst und Gemüse gefeilscht wird. Auf dem deutschen Friedhof sind auf einigen umgestürzten, verwaschenen Grabsteinen noch Namen zu finden wie Müller, Bollhagen, Schneider…

Da hier nicht oft ein Schiff ankert, scheint es, als sei die halbe Insel auf den Beinen. Händler, auch aus dem Landesinnern, bieten Masken, Körbe, Nasen- und Ohrringe an, verkaufen Muschelgeld, das noch bis vor zehn Jahren als offizielles Zahlungsmittel galt.

Yvon bringt uns bis zur Gangway, erzählt mir, dass sie auf dem Heimweg an einem deutschen Geschäft vorbei kommt, Sauerkraut und Eisbein kaufen wird...

Auf der Brücke

29. Januar: Seetag

Wir überqueren den Äquator genau um 18.08 Uhr. Das Schauspiel, das ja keins ist, erleben wir auf der Brücke. Der Kapitän hat uns und die vier Passagiere aus den Senatorsuiten eingeladen. Wir prosten uns mit Champagner zu, reden ein wenig und sagen Danke. Wenig später wird es wieder ungemütlich. Das Schiff schaukelt hin und her, es ist in der Kabine kaum auszuhalten. So sitzen wir nach dem Abendbrot noch eine Weile schiffsmitte im Captainsclub. Ohne Zähne zu putzen, hopse ich in die Koje. Es ist schwierig, sich auf den Beinen zu halten. Ich hoffe, schnell einschlafen zu können, aber das ist ein Trugschluss. So versuche ich zu zählen, an Schönes zu denken, aber die Zeit kriecht. So gegen vier Uhr muss ich dann doch eingeschlafen sein. Allerdings nur für kurze Zeit. Die Rammelei hat noch kein Ende. Dann endlich dreht sich der Wind und mit dem Sonnenaufgang beruhigt sich das Meer. Diese plötzliche Ruhe – ein Genuss.

Weltreise-Zertifikat

MS/ASTOR Weltreise
30.11.2010 bis 02.04.2011

Frau Traudel Thalheim

ist **32.280** Seemeilen / **59.783** Kilometer in 124 Tagen mit der ASTOR gereist.

Sergey Strusevych
Kapitän · KAPITÄN

Romeo Calvetti
CRUISE · Kreuzfahrtleitern

Ewa Wolf
Kreuzfahrtleitern

Lars Jackson
Hotelmanager

M/V Ausbildung Altona
Hotelmanager

TransOcean
Kreuzfahrten
Höchst persönlich.

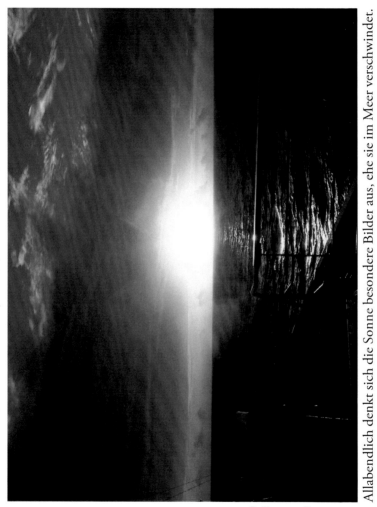

Allabendlich denkt sich die Sonne besondere Bilder aus, ehe sie im Meer verschwindet.

Immer mal wieder trafen sich auf der Brücke Kapitän Sergiy Strusevych und Schriftsteller Werner Heiduczek zu einem Plausch über Gott und die Welt.

Polynesische Musiker sind an Bord gern gesehene Gäste für ein Folkorekonzert.

© Traudel Thalheim

Klippenspringer von Acapulco.

Frau aus dem Volk der Kuna, auch Tulas genannt, die in autonomer Gemeinschaft auf einigen der San Blas Inseln leben.

© TRAUDEL THALHEIM

Vom Flugzeug aus gesehen: das Great Barrier Reef vor der Küste von Australien.

© Traudel Thalheim

Beim Einlaufen in den Hafen von Sydney ist die größte Brücke der Welt im Blick, die von den Australiern auch gern Kleiderbügel genannt wid.

© Traudel Thalheim

Auf Bootstour in den Lagunen von Bora Bora sorgen die drei Insulaner mit ihren Weisen für zusätzlichen Südseezauber.

© Traudel Thalheim

Tiki`s sind steinerne Götterstatuen, denen magische Kräfte nachgesagt werden. Dieser Tiki schmückt den Garten des Gauguin-Museums auf Tahiti.

Zu Besuch beim Stamm der Kama im Dschungel von Papua Neuguinea. Für uns Weißgesichter haben sie ihre Festtagskleidung angelegt. Rica vom Schiff wurde gleich integriert.

© Traudel Thalheim

Die Tänze und Lieder der Kamas erzählen von ihrem Alltag, der Verehrung der Natur, von Freuden und Leiden.

Macao wird vorausgesagt, bald die größte Spielhölle der Welt zu werden. In dieser Stadt auf sieben Hügeln vermischt sich Portugiesisches mit Asiatischem.

© TRAUDEL THALHEIM

Ein Tässchen Tee gefällig, fragt diese Vietnamesin in einem einwandfreien Deutsch. Sie lebt in Hoi-An, einer Stadt, die die Unesco als ein wahres Freilichtmuseum anerkannte.

© TRAUDEL THALHEIM

© Traudel Thalheim

Auf dem Rücken von Dick durch dick und dünn auf Ko Samui – die Autorin und der Schriftsteller.

Übergroße prachtvolle Dämonenfiguren bewachen den Eingang zum Königspalast in Bangkok und wehren böse Geister ab. Wie klein ist ein Mensch gegen diese übermächtigen Riesen.

© Traudel Thalheim

Vor 30 Jahren kämpfte Werner Heiduczek in den Fluten vor Colombo (Sri Lanka) um sein Leben. Jetzt ist er an den Ort des Geschehens zurückgekehrt.

Blick auf die Mauer des Sultanspalastes in Salalah im Oman.

© Traudel Thalheim

© Traudel Thalheim

Reiseführer Aron, er stammt aus Indien und Busfahrer Achmed aus Pakistan brachten uns ein Stück vom Oman näher. Beide sind Saisonkräfte, haben im Oman kein Dauer-Bleiberecht.

Autorin Traudel Thalheim wird von zwei Polizistinnen in der Südsee herzlich empfangen.

© Traudel Thalheim

Auf dem Weg durch den Suezkanal ins Mittelmeer.

124 Tage war diese Kabine unser Domizil. Nun heißt es Abschied nehmen.

Vor uns liegt Babeldaob. Das ist eine der Inseln der Republik Palau (einstmals deutsche Kolonie) im Gebiet Mikronesiens. Etwa 200 Meter tendern – endlich Land unter den Füßen. Wir haben einen Ganztagsausflug gebucht, wollen die wohl berühmteste Lichtung im Dschungel dieses außergewöhnlichen Archipels sehen, überqueren dazu die Palau-Japan-Friendship-Brücke und fahren auf gut ausgebauten Straßen hinein in die üppige Vegetation der fast unbewohnten Insel. Nach fast zweistündiger Fahrt biegt der Bus rechts von der Straße ab. Ein Schild weist den Weg zu den 37 monumentalen Steinmonolithen von Baldruchau, die Wissenschaftler auf 150 nach Christus datierten. Will man sie sehen, sind 117 Stufen nach unten zu bewältigen. Ein kleines Abenteuer dieser Gang auf unterschiedlich hohen Stufen ins Tal. Die 37 mehr als zwei Meter hohen rechteckigen Steinquader stehen durcheinander gewürfelt auf dieser Lichtung, die mystische Ruhe und Kraft ausstrahlt, ähnlich wie Stonehenge in Südengland oder der Ayer Rocks in Australien.

Der Legende zufolge wollten acht Halbgötter in dunklen Zeiten des Universums ein gigantisches Abai – ein Männerhaus – bauen, schafften dafür massige Tuffsteinbrocken heran. Einer der emsigen Baumeister verzauberte aus Spaß ein Bündel Palmenbast in einen krähenden Hahn, dessen Schrei die Sonne weckte. Beim Anblick der Morgenröte stoppten die Halbgötter ihre Arbeit, verschwanden auf Nimmerwiedersehen. Eine schöne Geschichte, die an diesem Ruhe und Kraft ausstrahlenden Ort mit Sicht auf bewaldete Höhen, Palmen und Strände, besonders wirkt. W. hat Schwierigkeiten, wieder nach oben zu kommen. Jürgen, der Freund des Bordpfarrers, nimmt W. fest in den Arm, bringt ihn Stufe für Stufe wieder nach oben. Gottseidank, ich hätte das nicht geschafft.

Picknick am Strand lautet der nächste Halt. »Baden gehen ist nicht erwünscht«, erklärt Cathy, die uns begleitende Reiseleiterin vom Schiff. Wir protestieren, fragen nach dem Warum und erhalten zur Antwort: »Der Bus wird sonst nass.« So ein Schwachsinn. Du hast die Riesenbadewanne vor dir und sollst auf das Baden verzichten. Zum Picknick erwischt W. eine Hängematte, lässt sich's darin gut gehen. Ich gehe baden. Bei 30 Grad Wassertemperatur nicht gerade eine Abkühlung. Aber immerhin. Die beiden Lunchpakete für uns hole ich zwar ab, aber außer, dass W. ein Stück Kuchen verspeist, gehen sie zurück. In fremden Ländern essen – ich hab Angst vor Durchfall, den ich ja auf dem Schiff schon hatte. Nächste Station: Palaus Regierungsgebiet. Dem Washingtoner Capitol stilecht nachgebaut. Wahnsinn – 20.000 Einwohner hat die Insel und dann solche Paläste inmitten einer Gegend, in der außer den Regierungsgebäuden nichts weiter zu sehen ist. Kein Wohnhaus, einfach nichts, außer der üppigen Vegetation.

45 Millionen US Dollar soll das Ganze gekostet haben. Zum großen Teil bezahlt von den USA. Auch die EU soll daran beteiligt sein. Größenwahnsinn, oder? Da lobe ich mir das Abai. Es ist das einzig gut erhaltene Männerhaus auf Palau, wird uns versichert. Es liegt auf dem Weg zur amerikanischen Botschaft, etwas versteckt im Dschungel. Die Giebel sind bunt bemalt und zeigen Szenen des Alltags, der Natur- und Tierwelt.

Das mit Stroh bedeckte, nach allen Seiten hin offene Abai darf von Frauen nicht betreten werden. Hier treffen sich Häuptlinge, auch aus den entlegendsten Gegenden, um wichtige Dinge der Kommunalpolitik zu besprechen. Das kann manchmal Tage und Nächte dauern, wird gesagt. Niemand darf stören. Frauen warten in Sichtweite, um die Häuptlinge mit Essen und Trinken zu versorgen. Wir laufen um das Abai, fotografieren. Ein großer, kräftiger Mittfünfziger winkt, bittet uns einzutreten. »Das habe ich noch nicht erlebt,« schüttelt die Dolmetscherin den Kopf und wundert sich, dass wir sogar aufgefordert werden, mit den Männern Sakau zu trinken, das aus Wurzeln des einheimischen Pfefferstrauchs gewonnen wird. Die zumeist älteren Männer scheinen sich über die Abwechslung zu freuen, lachen in die Kamera… Schade, dass keine Zeit mehr bleibt, mit einem Glasboot in die Tauchgründe zu fahren. Die Dolmetscherin hatte mit ihren Erzählungen von der unglaublich reichen Unterwasserwelt mit 1500 Fischarten, den ca. 700 Korallenarten, den bis 500 Kilo schweren Riesenmuscheln, Seekrokodilen und Seekühen Lust darauf gemacht. Auch auf die Massen von Quallen, die keine natürlichen Feinde haben und dadurch keine Hautreizungen verursachen. »Ich bin selbst zwischen den Tieren geschwommen. Das war ein unbeschreibliches Gefühl«, sagt sie. Mein Ding wäre das nicht.

Musikprofessorin und Kellnerin

930 Seemeilen, das sind etwa 1839 Kilometer trennen uns von Manila. Zeit für allerlei Kurzweil. Mir gefällt der Spruch des heutigen Bordprogramms, der da lautet: »Von guter Laune lässt sich sagen, sie hilft der Seele und dem Magen.« Apropos Magen. Kaum zu glauben, was wir zum Mittagessen im Restaurant soeben erfahren. Yulia, unsere Stewardess, die uns freundlich zurückhaltend schon die ganze Zeit bedient, ist in Odessa eine bekannte Musik-Professorin. Und warum jetzt Kellnerin, frage ich, nachdem sie mir das Gehörte bestätigt. »Ich muss meine Familie ernähren. Meine Mutti erhält umgerechnet 90 Dollar Rente im Monat. Mein Sohn Konstantin lebt bei meiner Mutter, wird von ihr versorgt. Er hat mit einem Ökonomiestudium begonnen. Mit meiner Musik kann ich in meiner Heimat nicht genug verdienen, um eine Familie bescheiden zu

ernähren. Deshalb bin ich hier«, sagt sie. Mit sieben Jahren gab sie ihr erstes Klavierkonzert und schloss ihr Studium als Beste mit dem roten Diplom ab. Sie wurde Professorin und hatte eine große Karriere vor sich. Im festlich schwarzen Gewand sitzt sie am Abend am Flügel im Captainsclub, spielt Stücke von Franz Schubert, Robert Schumann, Sergej Rachmaninow, Frederic Chopin, Franz Liszt, erhält starken Beifall und Standing Ovations. Ein in den vorderen Reihen sitzender Herr gibt ihr einen Handkuss, andere überreichen Blumen. »Das ist für mich Balsam für die Seele«, sagt sie mir später. Noch einige Male wird Yulia Balashova während ihrer Dienstzeit den Flügel für die Passagiere öffnen. »Das ist für mich eben auch der Höhepunkt meiner Seefahrerei, die ich so lange betreiben möchte, bis mein Sohn sein Studium beendet hat«, fügt die aus einer Akademikerfamilie stammende Pianistin hinzu.

Philippinisches Freudenfest

Mittwoch, am 2. Februar

Heute gibt es große Aufregung an Bord. Schon gestern abend wurden Koffer geschleppt, und nun sind eine ganze Anzahl von philippinischen Seeleuten aus dem Häuschen. Es geht nach zehn Monaten Bordarbeit nach Hause in den Urlaub. Andere treffen während der Liegezeit ihre Familie. Im Hafen werden wir wie Staatsoberhäupter empfangen. Das Hafengelände ist mit bunten Luftballons und Tüchern geschmückt. Junge Männer in schicken Uniformen spielen auf ihren Instrumenten, Tanzgruppen wiegen sich im Takt, der rote Teppich ist ausgerollt. Vom Knirps bis zum Greis stehen die Familien beieinander, winken bei der Einfahrt des Schiffes. Dann das Wiedersehen. Da kullern selbst bei Weltreisenden Tränen. Der Hafen liegt unmittelbar in der Stadt. Wir wenden uns erstmal den Händlern zu, die ihre Souvenirs direkt vor dem Schiff präsentieren. Ein paar Ansichtskarten, das ist der erste »Großeinkauf«. Dann jedoch gelingt es mir, W. zu ermuntern, dass er mich beim »Shoppen« begleitet. Wider Erwarten kauft er zwei mit Manila-Motiven verzierte Kaffeebecher, eine Kette, die auch als Haarband getragen werden kann und eine kleine Tasche. Beides glitzert so schön. Ein paar Schritte weiter «macht« mich ein Kleid »an«, das ich mir überziehe. »Sieht nicht schlecht aus«, meint W. Also kaufe ich es. Ebenso ein T-Shirt. So haben wir wieder ein paar Souvenirs mehr in unserer Geschenkbox.

Ehe wir in die Metropole Manilas aufbrechen, noch ein paar geografische Angaben: »Manila ist die Hauptstadt eines Staates, der aus 7107 meist unbewohnten Inseln besteht. Die Einwohnerzahl des von Pazifik, südchinesischem Meer und Celebes See umgebenen Archipels nimmt ständig zu. Manila ist ein riesiges Ballungszentrum mit zehn Millionen Einwohnern, das 1975 durch den Zusammenschluss von 17 Städten unter zentraler Verwaltung entstand…« Hier ist ein Mundschutz tatsächlich angebracht, bei der Dunstglocke, die über der Stadt hängt. Unwahrscheinlich der Straßenverkehr. Jeder fährt so wie er kann. Es gibt zwar Ampeln, aber die werden permanent ignoriert. Autos über Autos, kleine, große. Wir steigen in bunt bemalte, Kunstwerken gleichende Jeepneys – das sind von den Amis dagelassene, zu Bussen umgebaute Militärjeeps – und erobern bei drückender Schwüle Manilas Kontraste. Prachtbauten, Kirchen, Villen und viele viele ärmliche Hütten. In abenteuerlichem Zickzack schlängelt sich unser Vehikel durch den Wahnsinnsverkehr. Ab und an halten wir die Luft an, aber das Chaos scheint System zu haben. Das braucht starke Nerven. In welchem der Krankenhäuser ist wohl der Leipziger Arzt, Dr. med. Christopher Wachsmuth, für einige Wochen »zu Hause«, wenn er hier uneigennützig seit Jahren mit einem internationalen Team den Ärmsten der Armen hilft, indem er Kinder mit Lippen-Kiefer-Gaumenspalten kostenlos operiert? Ich frage unseren Fahrer, ob er davon schon gehört habe. »Und ob«, antwortet er in einem sehr gutem Deutsch, das er lernte, um mal nach Deutschland zu reisen. Bis jetzt habe er das Geld dafür noch nicht zusammen. »Meinem kleinen Neffen haben die Ärzte geholfen. Seine Lippen waren entzwei. Dadurch konnte er ganz schlecht essen und trinken. Jetzt ist er schon zehn Jahre, geht in die Schule, ist ein guter Schüler. Nochmals vielen herzlichen Dank, lieber deutscher Arzt«, sagt der Dunkelhäutige, steigt dafür extra aus dem Jeepney aus und verbeugt sich ganz tief. Es macht mich verlegen. In einem Herrenhaus aus der Kolonialzeit, heute Museum, erwarten uns drei junge Gitarrenspieler mit spanischen Weisen. Das Anwesen gehörte einst einem Spanier. Ja, ja, man wusste schon immer, wo sich's gut und abgeschirmt von der Masse leben lässt. Auf der Bühne des Gartens tanzen und singen für uns professionelle Künstlerinnen und Künstler aus dem Opernhaus. Allein ihre Kostüme sind eine Augenweide.

Eine weitere ist das beste Haus am Platz. Das Fünf-Sterne-Hotel »Manila«. 1912 erbaut.

Hier kehrten die Beatles ein, Kennedy, wir auch. Zum Fünf-Uhr-Tee sind wir geladen. Jeder Gast wird beim Betreten des Hotels wie auf dem Flughafen kontrolliert. Hunde schnüffeln an den ankommenden Autos. Nur feine Herrschaften schreiten über die schweren Perserteppiche, vorbei an gold- und kristallbehangenen Leuchtern und Wandverkleidungen, feinen Möbeln, befrackten Kellnern… Für eine Stunde dürfen wir dazu gehören.

Gebirgsstamm bewirtschaftet achtes Weltwunder

Am Abend geht es im Überseeclub – hier kann sich jeder selbst am Büfett bedienen – wie auf einem orientalischen Basar zu. Eine Bremerin, die seit Cairns zumeist den dort erworbenen Farmerhut trägt, zeigt stolz eine Holzschnitzerei. Diese stellt den Schutzgott der Reisspeicher dar. Hergestellt, so verkündet sie, hat dieses Original ein Ifugao. So heißt der Gebirgsstamm, der die berühmten, als achtes Weltwunder bezeichneten Reisterrassen im Hochland bewirtschaftete. Eine Münchnerin zeigt ihre gekaufte bestickte Damenbluse, ein Münchner erzählt, wie erfolgreich er beim Feilschen gewesen sei… Ein witziger Abend, der damit endet, dass ein Schiffsaktionär eine größere Runde zu Rotwein einlädt.

Klabautermann lacht und lacht

Es ist wirklich ein Witz, »Erholung auf See« empfiehlt das Tagesprogramm. Davon kann an diesem Seetag keine Rede sein. Schon seit gestern abend ist wieder Kacke am Dampfen. Ich habe nun bald die Nase voll von der Schaukelei. Immer wieder tobt die See, es schaukelt, dass man sich kaum auf den Beinen halten kann. Wir bestellen wieder das Frühstück auf die Kabine, setzen uns diesmal dazu an den Tisch. Die Gläser tanzen, der Klabautermann lacht und lacht. Wir lassen es uns gut schmecken. Danach huschen wir wieder ins Bett, der Seemann sagt dazu Koje, schlafen noch eine Runde. Am Nachmittag lässt die Schaukelei nach, so dass ich mein Seidentuch weiter bemalen kann. Die eine oder andere Frau, die mit mir in dem Kurs ist, behauptet, meine Malerei sei ansprechend – aber ich glaube dem Kompliment nicht. Was die Farbzusammenstellung betrifft, da könnte ihr Lob stimmen. Beim Kaffeetrinken sitzen wir mit dem Pfarrer und seinem Freund zusammen, werten unsere Erfahrungen aus, stellen fest, dass das Leben lebenswert ist. Ich lade beide wieder zum Talk und Kaffee in unsere Kabine. Nur den Tag wissen wir noch nicht genau. Wir gehen zum Bingo, »lassen« andere gewinnen – schließlich habe ich schon an die 150 Euro eingestrichen. Ein Wunder. Glück im Spiel, das hatte ich nie. Auch beim Offiziersskat verliere ich zumeist. Im übrigen passt der Spruch des Tages heute wie die Faust aufs Auge: »Humor ist der Schwimmgürtel auf dem Strom des Lebens.« Bei Windstärke neun muss man schon Humor besitzen.

Im Jahr des Hasen

»Hallo, ich bin der Bin«, sagt der junge Taiwanese an der Gangway. »Ihr wollt ein wenig über meine Heimatstadt Kaohsiung erfahren. Ich bin bereit, bitte kommt, steigt ein«, sagt er und drückt jedem von uns einen kleinen bunten Hasen aus Metall in die Hand. »Wir feiern gerade das Neujahrsfest und damit beginnt bei uns das Jahr des Hasen. Der Hase steht für Sanftmut, Harmonie und Genuss,« klärt er uns auf, auch, dass wir uns in der zweitgrößten Stadt Taiwans befinden, dass die Portugiesen im 16. Jahrhundert das heutige Taiwan entdeckten, es Formosa nannten, was so viel heißt wie »Schöne Insel«. Sie liegt 160 Kilometer vom chinesischen Festland entfernt. Ganz wichtig, und dabei hebt der junge Mann mit den Mandelaugen den Zeigefinger in die Höhe, sei die Selbständigkeit Taiwans. Das betont er immer wieder, zeigt auf die vielen Menschen auf den mit roten und gelben Bändern geschmückten Straßen, auf Kind und Kegel an der Uferpromenade des Flusses Jenai, auch Liebesfluss genannt, auf die vielen jungen Leute, die mit ihrem Motorroller durch die Gegend sausen. »Ich leiste mir das Vergnügen, zu arbeiten«, konstatiert er und legt sich ins Zeug.

»Unser Land ist kleiner als die Schweiz, dafür haben wir 23 Millionen Einwohner. In unserer Stadt gibt es mehrere Parks, etliche Tempel, neuerdings eine U-Bahn. Schade, dass ihr am Abend nicht mehr da seid, wenn der Liu-Ho-Markt mit seinen Imbissbuden und Trödlerständen aufmacht. Da pulsiert das Leben«, betont er, während der Bus auf den nördlichen Stadtrand zusteuert, das größte Gebiet, zu dem der Lotos-See gehört. Großes Gedränge herrscht an den kunstvollen Drachen- und Tigerpagoden. Zu deren Füßen liegen ein riesiger Drache und ein ebenso mächtiger Tiger. Durch die beiden, wie in einem Tunnel, hindurch zu gehen, bringt Glück und Freude im Neuen Jahr. Für uns ist es schon eine ungewöhnliche Situation, so urplötzlich in diese fremde und völlig ungewohnte Atmosphäre einzudringen und mit zu drängeln. Wir wollen doch auch ein Stück vom Kuchen des Glücks und der Freude für 2011 mitnehmen. Endlich sind wir am Tunnel der Pagoden angekommen, sind ganz hingerissen von den herrlichen chinesischen Motiven, die die Innenwände verzieren. Auch an der Himmelsstatue holen wir uns das Quentchen Gesundheit ab, das die Götter versprechen. Händler und Käufer freuen sich mit den Kindern über die bunten Luftballons, über die Fische in den Aquarien, wünschen einander Glück. Auch wir werden einbezogen in dieses bunte Treiben.

Eine weitere Attraktion dieser Stadt ist ein 85-stöckiger Tower, 367 Meter hoch. Er war wohl mal der höchste Bau in Taiwan, ist es aber längst nicht mehr. In weniger als einer Minute sind wir im 75. Stock angelangt. Eine herrliche Aussicht auf die Stadt, den Hafen, auf unsere weiße Lady, die wie ein kleines Schiffchen im Wind wirkt.

Im Erdgeschoss dieses Hochhauses werden Waren aller Art feilgeboten. Ganz edle Marken an Uhren zum Beispiel. Ich trage eine echte Cartier seit vielen Jahren, also gehen meine Augen mehr zum Schmuck, obwohl der bei mir auch reichlich vorhanden ist. Eine Kette für 20 Dollar, die wäre etwas für Ruth, W.s Schwägerin in Staufen. Ein wenig Freude kann sie dringend brauchen, bei den drei Töchtern, die ihr das Leben schwer machen. Wir kaufen die Kette. So haben wir bei unserem nächsten Besuch in Staufen gleich ein Mitbringsel. Auf der gegenüberliegenden Seite des Tower steht eine große Anzahl parkender Motorroller. Es gibt sie zu Tausenden in der Stadt. Schaltet die Ampel an der Kreuzung von rot auf grün, setzt sich ein Schwarm dieser Roller in Bewegung. Sagenhaft. Das wäre billiger als die U-Bahn oder andere Verkehrsmittel, meint Bin, der erneut durchblicken lässt, dass die Taiwanesen nicht viel von den Festland- Chinesen wissen wollen. Ihnen sei die Eigenständigkeit Gold wert. Schön, dieser Stolz, der in den Worten mitklingt. Ehe sich Bin verabschiedet, warnt er uns vor den verlockenden Antiquitäten, die in der Nähe des Terminals angeboten werden. Es sind zumeist Fälschungen… Auch beim Kauf von Jadeschmuck sollten wir aufpassen. Je blasser er aussieht, desto reiner ist er. Gut zu wissen. Mit vielen neuen Eindrücken steuern wir das Terminal an, zeigen die Bordkarte vor – das war's an Kontrollen.

Mit Schirmherrin auf du und du

5. Februar

Dafür werden wir in China mehrfach »durchleuchtet«. Heute früh müssen wir an Bord antreten zum Fiebermessen. Wer erhöhte Temperatur hat, für den ist der Landgang morgen passé. Bei uns ist alles okay, bemerkt der Bordarzt.

Jetzt muss ich erst mal mein Haarproblem lösen. Ich war vor Tagen für 112 Euro beim Bordfriseur, hatte mir die Ansätze färben lassen. Als ich in die Kabine zurückkomme, fragt W.: »Ich denke, du warst beim Friseur?« Daraufhin reklamierte ich, und nun sitze ich wieder hier, stelle nach Tönen, Waschen und Legen fest, dass es andere besser können. Auf meinen Kreuzfahrten schloss ich immer auch Bekanntschaft mit dem Friseur, hatte nie etwas auszusetzen. Allerdings waren die Preise nicht so hoch. Wahrscheinlich sind die Billigeren die Besseren.

»Nicht immer ist teuer gleich gut«, meint Marlene Charell, der ich mein Missgeschick erzähle. Sie ist die Schirmherrin des Club Columbus von Transocean Kreuzfahrten und das seit 15 Jahren. An die 4000 Mitglieder gehören dazu. Die Künstlerin begann ihre Karriere als Sängerin und Tänzerin im Pariser Lido, feierte international große Erfolge, ist noch heute ein gefragter Fernsehstar. Kein Wunder also, dass viele Columbus-Mitglieder an ihren Lippen hängen, sich riesig freuen, wenn Marlene auf den ausgeschriebenen Clubreisen dabei ist. Mit dabei hat sie ihren Mann Roger, der als künstlerischer Leiter ebenfalls im Lido tätig war. Wir sind uns schon öfter begegnet. W. trifft Roger zum ersten Mal, und beide verstehen sich auf Anhieb. Bei einer Tasse Kaffee reden wir übers Künstlerleben, über Auftritte Marlenes im DDR-Fernsehen, über die kürzliche Show von Carmen Nebel, in der Marlene tanzte. W. erzählt von seinen Reisen nach Paris, seiner Ambition, in jeder Stadt den Bahnhof und den Friedhof anzuschauen, spricht vom Montmartre, dem Grab von Heinrich Heine. Davon, wie er vor etlichen Jahren zwischen den vielen frischen Blumen am Heine-Grabstein einen Zettel fand, auf dem jemand mit Bleistift hingekritzelt hatte: Und da liegt der alte Heine. Fern der Wüste, fern dem Sand. Kam zur Ruhe nicht am Rheine, war zu rot fürs Vaterland. Der Unbekannte antwortete damit auf die eingemeißelten Verse:

Wo wird einst des Wandermüden,
Letzte Ruhestätte sein?
Unter Palmen in dem Süden,
Unter Linden an dem Rhein?

Werd 'ich wo in einer Wüste,
eingescharrt von fremder Hand?
Oder ruh ich an der Küste,
eines Meeres in dem Sand?

W. bedauert, dass er auf dieser Reise bisher keine Gelegenheit hatte, weder einen Bahnhof, noch einen Friedhof zu besuchen. Gedenkstätten schon wie die von Gauguin und Stevenson.

Auf dem Promenadendeck zeigen die Seidenmaler ihre Arbeiten. Von mir sind zwei Tücher dabei. Ich bin schon ein wenig stolz, dass ich tatsächlich so etwas zustande bringe. Am Abend geht es in unserer Kabine ziemlich laut zu. Es gibt einen technischen Stopp. Was immer das auch bedeutet, wir wissen es nicht. Es klopft und knallt. Schließlich schlafen wir darüber ein.

Faszinierende Baukunst und Skorpionsuppe

6. Februar

Ich hatte wieder mal zu früh gemeckert. Es gibt nämlich gar keine große Kontrolle durch die chinesischen Behörden. Die Bordkarte genügt. »Die Dinge haben nur den Wert, den man ihnen gibt«, hatte Moliere einst behauptet. Es ist tatsächlich so, denn jeder sieht eine Sache aus seinem Blickwinkel. Ich bin jedenfalls fasziniert von der Baukunst der Architekten von Guangzhou (Kanton), in dessen Hafen wir liegen.

Hochhäuser, wohin das Auge blickt. Jedes sieht anders aus. Auf dem einen steht ein Turm, auf dem anderen sind Muscheln angedeutet oder Linien, Kreise, ganze Stadtteile haben ein eigenes Gesicht – unwahrscheinlich, was für futuristische Ideen die Architekten umsetzen. Da können sich selbst die New Yorker eine Scheibe abschneiden. Die für mich auf meinen Reisen entdeckte kühnste Architektur ist mir in den Großstädten Asiens begegnet. Eben auch im modernsten Stadtteil von Guangzhou. Hier steht der höchste Fernsehturm Chinas. Weiß, von unten bis oben wie mit Perlen besetzt, glänzt er in der Sonne. In dessen Nähe befindet sich ein Hochhaus, an das sich das Opernhaus in einem muschelartigen Halbbogen anschmiegt. Kein Fetzen Papier, keine Zigarettenkippe »verschönern« das Straßenbild, das junge, modern gekleidete Menschen prägen. Zeitweise ist in den Fußgängerzonen kaum ein Durchkommen. Das hängt wohl mit dem Neujahrsfest zusammen. Vor einem altertümlichen Tempel stehen die Leute mit Blumen, zünden Räucherstäbchen an, beten inbrünstig. Der ziemlich unverbindliche Dolmetscher führt uns in einen altertümlichen Tempel aus dem Jahre 1894. Hier ist das Volkskunde & Kunstmuseum untergebracht. Leider sind wir beim Betrachten der Gegenstände auf uns allein angewiesen, so dass wir zwar visuelle Eindrücke mitnehmen, jedoch ohne jeden geschichtlichen Hintergrund.

Inmitten der noch verbliebenen Altstadt zieht uns ein besonderer Markt in seinen Bann. Da liegen Wurzeln aller Art neben geriebenen Seepferdchen. »Das ist gut gegen Rheuma, und die Knollen hier sind für die Potenz«, klärt der Chinese auf. In mehreren Schüsseln krabbeln kleine schwarze, braune, gelbe Skorpione. Die Händlerin hält uns einige dieser Krabbler entgegen. »Skorpionsuppe ist eine Delikatesse«, sagt sie im gebrochenen Englisch und kann gar nicht verstehen, dass wir kein Interesse zeigen. Ein paar Schritte weiter drängen sich

Hunde in einem Käfig aneinander, in einem anderen sitzen Affen. »Auch Hunde essen wir gern, vor allem die mit dem hellen Fell. Das Fleisch der schwarzen Hunde ist zäher, deshalb werden mehr Hunde mit hellem Fell gezüchtet«, sagt der Dolmetscher. Auch übergroße Kakerlaken und mehr als einen Meter lange Seewürmer sowie anderes Getier landen im Kochtopf. »Wir Chinesen essen alles, was kreucht und fleucht«, behauptet er. Na Danke. Mir ist der Appetit vergangen. So knabbere ich in dem traditionellen chinesischen Restaurant, in dem wir zu Mittag essen und vor dem die Menschen nach einem Platz anstehen, an einer vom Schiff mitgenommenen trockenen Semmel. W. lässt sich's schmecken. Ihm ist's auch gut bekommen. Gegen 18 Uhr klettern wir ziemlich geschafft die Gangway hinauf. Eigentlich wollte ich mir die Hafenausfahrt um 23 Uhr ansehen. Das Schlafbedürfnis ist stärker.

Irres Hongkong

Montag 7. Februar

In Hamburg lebten zwei Ameisen,
die wollten nach Hongkong reisen.
Bei Altona auf der Chaussee,
da taten ihnen die Beine weh.
Und da verzichteten sie weise
dann auf den letzten Teil der Reise,

dichtete so oder so ähnlich einst Joachim Ringelnatz. Wenn die Ameisen gewusst hätten, was sie in Hongkong erwartet, wären sie sicher nicht umgekehrt. Eine irre Stadt mit einem sagenhaften Schiffsverkehr. Eine Stadt der Wolkenkratzer, eine Stadt aus Stahl, Chrom, Glas. Wir stehen auf unserer Vorschiff-

Terrasse, wissen gar nicht, wo wir zuerst hinschauen sollen. Es ist ein aufregendes Schauspiel, die Fahrt zum Ankerplatz in der Nähe des Fährhafens mit Blick auf eine alte englische Turmuhr. Sie erinnert an den einstigen Eisenbahnhof, hatte ich gelesen. Ich mache eine paar Fotos, muss mich jedoch beeilen, da um acht Uhr schon der Ausflug beginnt. Merry heißt unsere Dolmetscherin. Sie lebte fünf Jahre in der Schweiz. Unser Weg führt uns vorbei an Einkaufsmeilen bekannter Nobelmarken – vor einigen der Geschäfte stehen Massen von Leuten schon zum frühen Morgen. »Bei uns ist Schlussverkauf«, klärt Merry auf.

»Wir fahren zu grünen Oasen mit der wohl schönsten Bucht Hongkongs, zu den beliebtesten Stränden der Region«, wie Merry bemerkt. Trotz des frühen Morgens herrscht auch hier schon emsiges Treiben. Vor dem Tempel der Seegöttin legen junge Leute Blumen nieder, beten. An der Wasserfront thront eine große Buddha-Statue. Dahinter ein überdimensionaler Drache. Der Glücksbringer der Chinesen. Deshalb müsse er überall hin Zugang haben. »Da schauen sie«, sagt Merry »diese Torbögen an Hochhäusern, die durchlässigen Etagen in Wolkenkratzern, die müssen sein. Würde der Drache bei seinem Flug auf ein Hindernis treffen, verwandelt sich das Glück in Unglück.«

W. muss wie immer, wenn wir unterwegs sind, aufs Klo. Da wir genügend Freizeit haben, muss keiner auf ihn warten. Der herrliche Strand ist menschenleer. »Die meisten Leute haben keine Zeit dafür. Nur die Touristen aalen sich hier, aber zumeist erst am späten Nachmittag«, betont Merry. Zwischen ihren Erklärungen redet sie sich ihren Frust über ihre Schwiegereltern von der Seele, mit denen sie zusammenleben muss. Bösartig seien sie, und und und. Uns interessiert mehr, was der 554 Meter hohe Viktoria Peak zu bieten hat. Ist da die

Aussicht tatsächlich so spektakulär? Ja, das ist sie, stellen wir fest. Am hellichten Tag. Am späten Nachmittag, wenn die Sonne untergeht. Am Abend, wenn sich abertausende Lichter im Wasser spiegeln. Zu guter Letzt erwartet uns in Aberdeen eine der malerischen Dschunken, mit der wir durch eine Bucht gondeln, in der Hausboote seit Jahren liegen. Teilweise hätten die Bewohner noch nie Festland betreten. Die Fotoausbeute ist mehr als gering. Nirgends ist eine Menschenseele zu sehen, und die Hausboote sind auch nicht gerade fotogen. Ob dieses Leben nach meinem Geschmack wäre? Ein paar Wochen oder Monate in Hongkong zu leben, all das zu besichtigen, was uns in der Kürze der Zeit verborgen bleibt, Sitten und Bräuche zu erkunden, mich in den Einkaufstrubel zu mischen, das wäre eher meine Welt.

Pfarrer Soppa und Freund Jürgen klopfen an unsere Tür. Sie steigen morgen früh ab, fliegen nach Berlin, nehmen neun von mir beschriebene Karten mit. Ein letztes gemeinsames Kaffeetrinken. Sie haben ein Gastgeschenk für uns dabei. Anstatt es zu öffnen, lege ich es beiseite, während beide erzählen, unter welch großen Umständen Geldumtausch und Kauf erfolgte. »Schade«, sagt der Pfarrer, »aber in jedem Abschied steckt ein Wiedersehen…« Später sehe ich, dass die beiden Berliner eine kleine Torte überreicht hatten. Die hätten wir »köpfen« sollen. Anstelle des reich gefüllten Kuchentellers, der uns in der Kabine serviert wurde. Da kann ich im Nachhinein nur »Sorry« sagen.

Der Abend gehört dem Stanley Markt in der Temple Street. Er ist berühmt für sein quirliges Leben bis tief in die Nacht hinein. Fahrensleute mit Hongkong-Erfahrung hatten uns den Mund wässrig gemacht. Tatsächlich, auch hier wieder eine unüberschaubare Menge junger Leute zwischen Hunderten von Ständen. Es wird geschubst, gedrängelt, mit den Straßenmusi-

kanten mitgesungen. Wahrsager, alte und junge, haben Hoch-
konjuktur. Mindestens 50 sitzen dichtgedrängt, ein jeder für
sich in einer kleinen Bude aus Holz und Plaste. Karten liegen
auf dem Tisch, Wedel und andere Utensilien. Zumeist junge
Leute stehen an, wollen hören, was die Zukunft bringt. Dafür
geben sie mindestens 50 Euro aus. Auch ein paar Medizin-
männer fuchteln mit ihren Händen durch die Gegend, ver-
setzen ihr gegenüber in Hypnose. Eine »Marken«-Rolex, eine
vermeintliche »Cartier« für zehn, bei gewitztem Handeln sogar
für acht Dollar, Textilien, Pornoartikel, »Antiquitäten« – alles
ist zu haben für 'nen Dudeldei. Und über allem liegt der Duft
von Garküchen.

Wir sind pflastermüde. Von weitem hören wir das Gebim-
mel der antiquierten Straßenbahn, die wir auch noch auspro-
bieren wollten. Aber 24 Stunden sind eben nur 24 Stunden.
Genau genommen hat *das Schiff* 48 Stunden in der Weltmetro-
pole festgemacht. Doch wir wollen Macao, das Las Vegas des
Ostens, sehen. Eins kann man eben nur.

Macao bald größte Spielhölle der Welt?

Die Nacht war kurz. Sechs Uhr klingelt der Wecker. Duschen, Kosmetik, Frühstück … nach acht Uhr stehen wir schon
in der Schlange zur Passkontrolle. Dazu müssen wir neben dem
Reisepass einen ausgefüllten Fragebogen vorzeigen, ob Tbc, ob
Waffenträger, Größe, Gewicht etc. Mein freundlicher Gruß
am Schalter wird ignoriert. Dafür gibt's einen sturen Blick des
Polizeimenschen. Der telefoniert, wendet meinen Pass hin und
her, schaut auf den Fragebogen. Nach etwa 10 Minuten gibt's
einen Stempel und eine Handbewegung, die so viel heißt wie
weitergehen. Bei W. und all den anderen Passagieren die gleiche

Prozedur. Im modernen Tragflächenboot, Jetney genannt, ist ein neuer Fragebogen fällig. Nach einer einstündigen Fahrt – Macao liegt 65 km von Hongkong entfernt – das gleiche Spiel. Anstehen, Reisepass, Fragebogen am Schalter vorzeigen. Nach Minuten des Wartens öffnet sich die Schranke. Glück, dass der Dolmetscher uns seit Hongkong begleitet. Im Hafen von Macao werden wir von einem weiteren Chinesen in Empfang genommen. Er spricht weder Deutsch noch Englisch. Wahrscheinlich ist er um unsere Sicherheit besorgt. Unser erster Eindruck: Genau wie in Hongkong bestimmen tausende junger Leute das Straßenbild Macaos, der einstmaligen portugiesischen Kolonie. Im Jahre 1999 wurde sie als zweite Sonderverwaltungszone in die Volksrepublik China integriert.

Macao, so der Dolmetscher, steht auf sieben Hügeln, steckt voller Kontraste. Da vermischt sich Portugiesisches mit Asiatischem, wobei das mediterrane Flair überwiegt. Typisch portugiesisch die kleineren und größeren Plätze der Fußgängerzone in der historischen Altstadt – 2005 von der Unesco zum Weltkulturerbe erklärt. Hier drängt sich Geschäft an Geschäft. Wahrzeichen Macaos ist die Ruine der Renaissance-Fassade der 1637 eingeweihten Pauluskirche, die 1835 abbrannte. Hier bieten Fotografen ihre Dienste an, denn die breite in die Stadt führende Treppe ist attraktiv. Sie hat etwas von einem Bühnenbild. Wir stehen vor Kirchen, Wolkenkratzern, Museen, Regierungsgebäuden... Von der Bergfestung Fortaleza do Monte geht der Blick über die Stadt, auf das Mündungsdelta des Perlflusses mit den kilometerlangen Brücken, die hinüber zu weiteren kleinen Inseln führen und auf die vielen prächtigen Villen aus der Kolonialzeit. Am spannendsten aber ist die Geschichte um das seit 1847 ins Leben gerufene Glücksspiel, das kaum einen reich machte, außer das Monopol. Auch im neuen Zeitalter boomt die Glücksspielindustrie in Macao in kaum gekanntem Maße. Experten behaupten, Macao entwickle sich zur größten

Spielhölle der Welt. Ich war noch nicht in Las Vegas, habe also keinen Vergleich. Jedenfalls präsentieren sich in Macao über zwanzig Spielcasinos im edelsten Gewand, ummantelt mit Gold und Edelsteinen. Ein wenig ehrfürchtig, ob des Glanzes, betreten wir eines dieser Monte Carlos. Fotoapparate und Kameras müssen in der Tasche bleiben. So steht es in vielen Sprachen auf goldenen Schildern. Selbst die Portiers oder Wachmänner sehen in ihren Galauniformen aus, als würde die Gala gleich beginnen.

Das Spiel hat schon lange begonnen. Selbst im Foyer »hängen« Trauben junger Leute um die Spieltische. Das gleiche Bild in den zig Etagen dieses Casinos. Und das zur Mittagszeit an einem Wochentag. Ich frage mich, woher die Jugend das Geld hat. Die Spieler kommen vom Festland, mit Hubschraubern aus anderen Regionen, mit Flugzeugen von Japan bis hin nach Australien. In China selbst ist das Glücksspiel verboten. Also beste Gelegenheit, in Macao sein Glück zu versuchen, klärt der Reiseleiter auf. Einige aus unserer Gruppe wagen ein Spielchen. Ich verstehe nichts davon, riskiere demzufolge nicht mal einen Dollar. Ich wüsste, würde ich anfangen zu spielen, würde mich das Fieber und damit mein Ehrgeiz packen. Also lass ich lieber die Hände davon. W., den als Zocker die Atmosphäre zwar beeindruckt, läuft mit mir dem Ausgang und damit einem kleinen Café, vis-à-vis vom Casino, zu. Während wir unser Käffchen trinken, kommen wir mit einem jungen Mann ins Gespräch. Er habe soeben 5000 Dollar verloren. Nun warte er auf seinen Freund, der gerade in einer Glücksphase steckt, erzählt er, und gibt sich überzeugt, dass er beim nächsten Casinobesuch doppelten Gewinn macht. Sein Vater habe mit Immobilien in Hongkong viel Geld verdient, so dass er sich als einziger Sprößling das Spielen einmal im Monat leisten könne. Später kommt der Freund mit einem nicht gerade fröhlichen Gesicht. Beide ziehen von dannen. Wir sprechen mit dem Dolmetscher über unsere Begegnung. Er kenne viele Schicksale und nicht umsonst, so bemerkt er sarkastisch, sei das Krankenhaus und auch der Friedhof in der Nähe, die Selbstmordrate sei sehr hoch…

Nachdem wir die uns nun schon bekannten üblichen Kontrollen im Hafen von Macao überstanden haben, schweben wir mit dem Luftkissenboot, wie von Geisterhand angetrieben, auf dem südchinesischen Meer Hongkong entgegen.

Die Crew um den Bootsmann hat auf dem Vorschiff Position bezogen. 20 Uhr beginnt die allabendliche Lasershow, mit der wir von Hongkong Abschied nehmen, dessen chinesischer Name übersetzt »Duftender Sund« lautet. Ich werfe ein Geldstück ins Hafenwasser in dem Glauben, dass wir eines Tages Hongkong wieder Guten Tag sagen werden.

Ein Brief in der Kabine

Ehe wir die Kabinenvorhänge zuziehen, schalten wir die DEUTSCHE WELLE an, die ausführlich über Ägypten berichtet. Seit Tagen revoltieren Leute, fordern den Rücktritt von Mubarak und seiner Regierung. Es wird geschossen, es gibt Tote… Ich bin voller Sorge, denn wir müssen ja durch den Suezkanal, sollten in Suez und Alexandria einen Stopp haben. Denk ich an die Piraten, die die arabischen Gewässer unsicher machen, wird's mir ganz mulmig.

In Hongkong sind an die 200 neue Passagiere aufgestiegen. Damit ist die Welt für uns momentan eine andere. Vertraute Gesichter fehlen, das Hallo und Wie geht's bleibt aus… Die Reederei teilt in einem Brief, den wir in unserer Kabine finden, mit, dass auf Grund der Lage in Ägypten die Route geändert wurde. *Das Schiff* soll nun Israel anlaufen. Das ist W. äußerst sympathisch. Er wollte sowieso noch mal nach Jerusalem und Bethlehem.

14 Grad – nicht das Gelbe vom Ei

Aber jetzt erst einmal betreten wir den taiwanesischen Boden von Chi Lung im Norden der Insel. Die Einwohner, die zu Hauf zum Hafen gekommen sind, freuen sich, ihrem musikalischen und tänzerischen Empfang nach zu urteilen, über unseren Besuch.

Wir hätten zwischen vier Ausflügen wählen können, wobei wir die Naturwunder von Yeliu favorisierten. Das ist ein Kap von knapp zwei Kilometer Länge. Von oben gesehen soll das Kap wie der Rücken einer Schildkröte aussehen. Bizzare Felsformationen, Sandbänke, Höhlen, Felsen, die aussehen wie Pilze oder Töpfe… Abgeschreckt hat uns der Vermerk schwieriger Wege. Da W. zeitweise etwas wacklig auf den Beinen ist, gehen wir lieber in der Stadt ein wenig spazieren, zumal das Wetter mit 14 Grad – hier ist gerade Winter – nicht das Gelbe vom Ei ist. Unsere Kabinenstewardess kaufte sich in Hongkong eine Kamera, die mir gefällt. Mir war meine Kamera herunter gefallen, so dass die Batterien nur mit Klebeband halten. Das sieht nicht besonders gut aus. Wir finden einen Fotoladen. Ich halte eine ähnliche Kamera in der Hand, lasse schließlich die Hände davon. So marschieren wir wieder aufs Schiff. Ich nehme meinen Laptop, gehe ins Hafenterminal, weil ich da kostenlos und ganz einfach ins Internet komme. So einfach ist's am Ende nicht, weil ich zu blöd bin. Ein junger deutschsprechender russischer Seemann hilft mir, und so

schreibe ich an Tochter Heidi, den Redaktionsleiter der LEIP-
ZIGER RUNDSCHAU Heiko und an W.s Tochter Christiane. Ich
wollte auch noch eine Mail an Helmut Richter, einen Leipziger Schriftsteller, auf den Weg bringen, aber mein Laptop
hat keine Lust mehr. Trotzdem bin ich happy, dass ich im
Internet war. Antworten flattern auch gleich am nächsten Tag
in unsere Kabine.

Wollen Sie mich heiraten?

Nun liegt wieder eine Strecke von 850 Seemeilen vor uns.
Das sind 1574 Kilometer, um von Taichung nach Da Nang
in Vietnam zu kommen. Dem Wetter nach zu urteilen, wird
es wieder eine Schaukelei werden. Anfangs ist es auch so. W.
ist stark erkältet, ich reibe ihn mit Pulmotin ein. Auf dem
Pooldeck ist Frühschoppenzeit – ich gucke mal kurz hin, aber
so allein machts auch keinen Spaß, sich unter die schunkeln-
den, biertrinkenden Passagiere zu mischen. So freunde ich
mich mit Konsalik an, besser gesagt mit seinem Roman DER
VERKAUFTE TOD. W. liegt auf dem Sofa und pennt. Ich lese.
Zwischendurch gehen wir Kaffeetrinken und Abendbrot essen, quatschen mit Herrn B., einem Leipziger, der das Abitur
im Leibniz-Gymnasium machte und dann nach dem Westen
ging. Der Herr, der mit dem Klapp-Fahrrad anreiste. Ich erwähnte das bereits. In jedem Hafen schwingt er sich auf den
Sattel und erkundet Land und Leute auf seine Weise. »Herrlich. Erstens kann ich so Pfunde, die ich mir durch das gute
Essen an Bord angefuttert habe, wieder loswerden, und zwei-
tens gibt es Begegnungen der besonderen Art«, macht er neugierig, lacht, schlägt sich auf den Schenkel und erzählt: »An
einer Bus-Haltestelle fragte ich eine Fidji Frau auf Englisch
nach dem Weg in den Hafen. Wir kamen ins Gespräch, da

meinte sie plötzlich, ob ich sie nicht heiraten und mit nach Deutschland nehmen wolle. Als ich ihr erklärte, dass ich zu alt für sie sei, meinte sie, dass auch der 100jährige Abraham noch Kinder gezeugt habe. Da sie nach weiteren Argumenten suchte, mir schöne Augen machte, gab ich ihr meine Adresse, um kavaliersmäßig aus der Situation herauszukommen«. In Taichung suchte B. ein Internetcafé. Keiner sprach Englisch. Schließlich versuchte er es bei zwei kleinen etwa zehnjährigen Jungen. Sie verstanden ihn sofort, setzten sich auf ihre Räder, radelten mit ihm los. »Ich surfte im Internet«, erzählt er weiter, »alles war bestens. Nur der Weg zum Hafen entpuppte sich als ein Problem. Wir waren um so viele Ecken und Kurven gefahren, dass ich mich nicht mehr zurecht fand. Nun wieder das Dilemma des Nichtverstehens. Da sah ich einen amerikanischen Handyladen. Allerdings sprach auch da keiner Englisch. Ich malte ein Schiff auf ein Stück Papier. Einer der Leute verstand, ging mit mir aus dem Laden. Er setzte sich auf sein Moped. Ich radelte hinter ihm her… Es wurde gerade die Gangway eingeholt. Ja, manchmal muss der Mensch auch Glück haben«, sagt er, und wir sagen: Schöne Geschichten, eben nur mit dem Rad zu erleben…

Hoi An – Weltkulturerbe

14. Februar

Heute ist Valentinstag. Pralinen liegen auf dem Tisch. »Ich weiß, dass eher Blumen dein Herz erfreuen, aber die sind ja in der Kabine in üppiger Pracht vorhanden«, sagt W. mit etwas krächzender Stimme. Denn noch immer plagen ihn die Bronchien. – *Das Schiff* hat in Da Nang festgemacht. »Diese Hafenstadt an der Mündung des Han ins Südchinesische Meer ging am 8. März 1965 in die Geschichte ein, als zwei Bataillone US-Marineinfanteristen am Strand landeten – der erste Einsatz amerikanischer Bodentruppen in Vietnam. Bei ihrem Abzug hinterließen die Amerikaner einen gewaltigen Flughafen, sonst kaum etwas von Nutzen für Friedenszeiten. Heute ist vor allem der große Hafen der in Aufschwung begriffenen Metropole von Wichtigkeit.« Das ist in der Reisebeschreibung zu lesen, und ich glaube, auch wichtig zu sehen, welche Kraft die Vietnamesen in den Aufbau gesteckt haben. Dadurch sieht man die aufblühende Hafenstadt doch mit anderen Augen. Mir geht es jedenfalls so, denke ich an den Krieg, die Bombennächte, die Zerstörung Leipzigs, an die ersten Tage von 1945, in denen meine Mutter starb, wir fünf Kinder plötzlich allein waren, bis unser Vater im Juni 1945 aus Gefangenschaft heimkam, an die Hungersnot…

Für Nachmittag haben wir einen Ausflug gebucht. W. will nicht an Bord bleiben, er meint, die frische Luft plus Landgang, das sei die beste Medizin. Und so fahren wir nach Hoi An, einem Städtchen, das zum Weltkulturerbe gehört. An die 850 erhaltenswerte Baudenkmäler – ein Freilichtmuseum zum Sattsehen. Brücken, Holz- und Steinhäuser, Läden, Pagoden, Tempel, Gräber, auch Relikte der Kolonialzeit. Entstanden am Ende des 18. und Anfang des 19. Jahrhunderts. In der Fußgängerzone ist ein Souvenirladen schöner als der andere. Davor sitzen ältere Vietnamesinnen, ihr Pfeifchen schmauchend. Dazwischen kichernde Mädchen, Händlerinnen mit silbernen Armbändern, Mohairschals, bemalten Seidentüchern, die sich im Preis ihrer Waren unterbieten. Man weiß wirklich kaum, wo man zuerst hinschauen soll. Zu den Geschäftsauslagen oder den hübschen mit Balkon, Säulen, Fliesen verzierten Bauten. Ein farbenfroher Markt der Superlative, ein liebenswertes Städtchen, konstatiere ich. Dolmetscher Mang gibt sich alle Mühe, uns alles zu erklären. Nur seine Phonetik ist so sonderbar, dass man zweimal hinhören muss. »Ich kam 1987 nach Cottbus, sprach kein Wort Deutsch«, erzählt er. In einer Textilfabrik arbeitete er als Ingenieur und verliebte sich in eine Sorbin, die ihn auch die deutsche Sprache lehrte. »1990 ging alles kaputt, die DDR, auch unsere Liebe, schade«, sagt er, seufzt und macht uns auf die überdachte Japanische Brücke aus dem 16. Jahrhundert aufmerksam, in der auch ein kleiner Tempel zum Schutz der Seeleute untergebracht ist. Ich fotografiere und fotografiere, würde hier und da gern mal stehen bleiben und vielleicht etwas kaufen, zum Beispiel eine Perlenkette. Aber W. läuft weiter. Mir bleibt nichts anderes übrig, als in einer fremden Stadt an seiner Seite zu bleiben. Allerdings, an einem Schmuckgeschäft, macht er Halt, zeigt auf Perlenketten. Weiße, schwarze, dezent bunte. »Von 30 bis 100 Dollar und echt«, sagt die Verkäuferin in gebrochenem Deutsch. Ich weiß nicht, ob es stimmt, und so wandern wir weiter. Am Ufer des Flusses Thu Bon besteigen wir ein Boot, Sampans genannt, fahren den Fluss abwärts in ein Fischerdorf. Auch hier wird noch wie vor hunderten von Jahren getöpfert, die Scheibe mit dem Fuss bewegt. Wir werden mit einem kleinen töpfernen Hund beschenkt, mit dem man pfeifen kann. Ich muss ehrlich sagen, dass es mich beschämt, wie freundlich die Leute sind – ich dagegen kaufe ihnen nicht mal eine Schüssel oder Vase ab. Mit dem Bus geht es dann wieder zum Hafen. Wir sind froh, unsere Faulheit überwunden und die Tour mitgemacht zu haben. W. fühlt sich auch besser. Nach dem Abendbrot sitzen wir noch vor dem Fernseher, während hinter der Hansebar die tropische Nacht steigt. Ich hätte ja Lust, aber…

Dienstag, 15. Februar

Der Hafen von Qui Nonh sieht nicht gerade einladend aus. Wir machen keinen Ausflug. In die Stadt verkehrt ein Shuttlebus für 5 Euro hin und zurück. Mich hätte das vietnamesische Städtchen interessiert, aber es ist sehr heiß, und der Tratsch für die LEIPZIGER RUNDSCHAU ist auch noch zu schreiben. W., immer noch nicht ganz fit, liegt auf der Terrasse, flüchtet jedoch bald. *Das Schiff* liegt neben einer großen Ramme, die Holz- und Eisenpfähle ins Wasser schlägt. Irgendwie haben wir immer den Krach auf unserer Seite. Ich schreibe über Palau und Manila, suche das Foto aus, verschiebe alles auf einen Stick, schaffe diesen zu Markus, dem Concierge. Der wiederum füttert seinen Computer mit meinem Stoff, der per Ätherwellen im Nu in Heikos Computer steckt. Wenig später meldet sich Heiko Betat, der Redaktionsleiter der LEIPZIGER RUNDSCHAU: »Die Zulieferung klappt bestens. Ich bin immer aufs Neue gespannt, was Du zu berichten hast. Es ist der helle Wahnsinn. Unglaublich, was ihr alles unternehmt. Ich denke, dass viele den Tratsch mit Interesse lesen, weil du darin Gegenden erlebbar machst, von denen Otto-Normalverbraucher bislang meist noch gar nichts hörte...« Danke fürs Kompliment und toll, im digitalen Zeitalter zu leben.

Rolex, Cartier für zwanzig Dollar

Mittwoch, 16. Februar

Der Frühnebel hat sich von Nha Trang noch nicht verabschiedet, als die Leinen geworfen werden. Dennoch sind die kleinen, mitunter auch bergigen Inseln um uns herum, die bunten Fischerboote, schon auszumachen. Auch die Seilbahn, die über unser Schiff dahin schwebt, ist schon im Gange, bringt die ersten Vergnügungssüchtigen in den Vergnügungspark. »Nha Trang ist die Hauptstadt der Provinz Khanh Hoa und gilt als das größte Seebad Vietnams«, erzählt der Lektor über den Bordfunk. Er spricht von sehenswerten kolonialen Bauten und davon, dass ein Denkmal dem Schweizer Arzt und Biologen Alexandre Yersin (1863-1943) gewidmet ist. Dieser Arzt, der den Erreger der Beulenpest endeckte, gründete in Nha Trang 1889 eine nach seinem Lehrer Louis Pasteur benannte Forschungsstätte… Da W. immer noch hustet wie ein Weltmeister, schaffen wir es gerade bis vor das Schiff. Rolex, Cartier, Gucci- oder Breitling-Uhren glänzen in der Sonne, sind den echten Uhren täuschend ähnlich. Nur 20 Dollar für ein Stück. Am liebsten würde ich all die Perlen, farbigen Kleider, Taschen, Uhren mit aufs Schiff nehmen.

Grandioser Empfang

223 Seemeilen weiter und wir sind in Ho-Chi-Minh-Stadt. Am 17. / 18. Februar. Einige Stunden fahren wir durch das breite Mekong-Delta, das, dicht besiedelt, auch durch seine bunten schwimmenden Märkte anziehend sein soll. Davon sehen wir leider nichts. Dafür jede Menge Wasser, Mangrovensümpfe, zig Fluss-Seitenarme, in denen sich unter anderem weiße Delfine, Schuppentiere tummeln sollen, wie man sich erzählt. W. beobachtet die Landschaft vom Sofa aus. Er hat wieder erhöhte Temperatur. Im Hafen von Ho-Chi-Minh-Stadt empfangen uns landestypisch gekleidete Vietnamesinnen. Luftballons steigen auf, es erklingt die vietnamesische Nationalhymne. Solche Hafeneinfahrten sind immer wieder etwas Besonderes, rütteln

an der Seele. Ich bin den Tränen nah. Da stehen Menschen, die dich nie gesehen haben und bereiten dir solch einen grandiosen Empfang. Könnte es so friedlich nicht überall zugehen? Leider dominiert in der Welt das Kapital, die Gier nach mehr unter dem Deckmantel der Freiheit und Demokratie...

Den für morgen geplanten Ausflug ins Mekong-Delta sagen wir ab. Bei W.s Erkältung hat das doch keinen Zweck. Auch der Spaziergang mit einer Rikschafahrt ist nun nur noch Wunschdenken.

Ich hatte gehofft, Prof. Dr. Lap, der einst in Leipzig studierte, am Schiff zu treffen. Er ist so etwas wie einst bei uns Sportreporterlegende Heinz Florian Oertel, hatte Jürgen Ulrich, der Doktor und einstige Chef der Leipziger Medicaklinik mir erzählt. Dr. Lap war nicht da. Wir telefonierten, er bat uns, ihn in seiner Wohnung zu besuchen. Geht jedoch nicht wegen W.s hartnäckiger Erkältung. Dr. Jürgen Ulrich fliegt mit Leipziger Medizinern einmal im Jahr nach Ho-Chi-Minh-Stadt. Die Leipziger halten hier Vorträge an der sportmedizinischen Fakultät. Ich hätte ganz gern darüber etwas geschrieben.

14 Uhr sagen wir der größten Metropole Vietnams mit mehr als sechs Millionen Einwohnern schon wieder ade, ohne von ihr etwas gesehen zu haben. Auch das Bye-bye gestalten die Vietnamesen mit Herz. Wieder steigen Luftballons gen Himmel, es erklingt eine Abschiedsmelodie, kleiner und kleiner werden die winkenden Vietnamesen. Bei 35 Grad im Schatten sitzen wir unterm Sonnenschirm, während *das Schiff* auf dem Mekong, der im Himalaja entspringt, dahin schippert, dem südchinesischen Meer entgegen. Sandy und all die anderen im Restaurant Tätigen sind gespannt auf die Reaktion der zum Abendbrot kommenden Passagiere. Schließlich haben sie Stunden gearbeitet, um das Restaurant asiatisch zu »ver-

edeln«: Laternen, bunte Bänder, kleinere und größere Bilder mit vietnamesischen und chinesischen Schriftzeichen. Die Stewards und Stewardessen in traditioneller asiastischer Kleidung. Die Mädels tragen an den Seiten geschlitzte Blusen, bis an die Knie reichende Kasacks, weite Hosen oder mit landestypischen Motiven bemalte Seidenkleider. Die Jungs bestechen durch bestickte Hemden, Jacken mit großen Ornamenten. Neben Messer und Gabel kann, wer will, zeigen, dass er auch das Essen mit Stäbchen beherrscht. Und das, was auf den Tisch kommt, ist sehr schmackhaft. Eine gelungene Überraschung.

Columbustreff

Sonnabend, 19. Februar

W. hat nun auch noch Fieber, er hustet, ihm läuft die Nase, aber den Bordarzt konsultieren, das will er nicht. Ich kann ihn dann doch überreden und so sitzt er einem österreichischen Medikus gegenüber, der ihm Fieber misst, die Lunge abhorcht und meint, dass sie zwar noch nicht angegriffen ist, aber dennoch was getan werden müsse. Deshalb gibt er ihm Lutschtabletten, Antibiotika und Brausetabletten. Er soll viel trinken. Dazu stehen zwei Kannen mit Tee auf dem Tisch. W. liegt auf dem Sofa, ich auf der Terrasse im Liegestuhl. Zum Kaffeetrinken rafft sich W. auf, legt sich danach gleich wieder hin. Ich marschiere in die Lounge, da treffen sich wieder mal die Club-Columbusmitglieder zu einem Glas Sekt. Mit einem Ehepaar aus Nürnberg, das, ebenso wie wir, auf Weltreise ist, komme ich ins Gespräch. Sie genießen die Reise, können nur das Benehmen mancher Passagiere nicht verstehen. Einige würden sich jeden Morgen mit Sekt die Hucke voll trinken. Bis zu 10 Gläser. Andere gehen mit einem gefüllten Teller voller Lachs aus dem Restaurant. Warum, so fragen sich die beiden, wird Sekt- und Lachsfrühstück nicht aufs Wochenende begrenzt. Auch ein Ehepaar aus Chemnitz fragt sich das. Sie sind wegen der Schirmherrin Marlene Charell in den Club eingetreten und verpassen keine Reise, in der die Charell zugegen ist.

Peinlich, peinlich...

20. Februar

Sonntag um sieben Uhr legen wir in Kambodscha an. Dem Land der Khmer, das bekanntlich durch die Gewalt von Pol Pot und der Roten Khmer in den 70er Jahren des vergangenen Jahrhunderts Furchtbares erleiden musste. Unter vietnamesischem Einfluss erholte sich das Land ein wenig, ist zu hören. Und so bin ich gespannt auf den Ganztagsausflug, den ich nun ohne W. unternehmen muss. 30 Grad im Schatten, etwas bewölkt, es ist fast unerträglich. Was ziehe ich an? Täglich stelle ich mir die gleiche Frage, am Ende entscheide ich mich immer wieder falsch. Geplant ist eine Fahrt in einen Nationalpark mit weitgehend unberührter Küstenregion, Mangrovenwäldern, vorgelagerten Inseln und Korallenriffen. Bei etwas Glück könne man auch Affen begegnen. So steht es im Ausflugsprogramm. Ein Mittagessen in einem attraktiven Hotel mit Badestrand sollten die ereignisreichen Stunden beschließen. Extra aus der Hauptstadt kam der Bus mit Dolmetscherin zu uns nach Kompong Som. Sie freue sich sehr, einer deutschen Gruppe etwas von der Schönheit ihres Landes zeigen zu dürfen, sagt sie. Auf der durchlöcherten Hauptstraße Nummer 4 – bei uns sind die Straßen auch nicht besser – fährt der Bus mit 23 Gleichgesinnten dem Nationalpark entgegen. Zugegeben, der

Halt an dieser unwirtlichen Stelle mit zerfallenen Sonnendächern, einem etwa 30 Zentimeter breiten, dunklen Sandstrand auf der einen Seite, einem schmutzigen unbewohnten Bau auf der anderen Seite inmitten einer trockenen, von Kuhfladen übersäten, baumlosen Gegend, reizt die Nerven, und so wird lautstark protestiert. Die Entschuldigung der Dolmetscherin, der Busfahrer habe die Route verfehlt, geht im Krach unter. Zurück zum Schiff, fordert die Mehrzahl der Leute.

Die Dolmetscherin schaut den Fahrer verzweifelt an. Sicher genauso wie ich damals. In Leningrad. Anfang der 80er Jahre. Ich übernahm für eine Kollegin, deren Kind krank wurde, eine Delitzscher Reisegruppe. Frauen und Männer aus einer Landwirtschaftlichen Produktionsgenossenschaft. Es lief alles bestens. In der Peter-Pauls-Kirche begann das Dilemma. Die Männer interessierten sich für die Feuerwehrschläuche, wohin Leitern führen ect. Die Frauen hörten der Dolmetscherin zu. Vor der weltberühmten Eremitage protestiert die Gruppe. Gemälde, das sei nicht ihr Ding, sie möchten einkaufen gehen.

Das konnte die Dolmetscherin absolut nicht verstehen. »Nur um die Eremitage zu sehen, kommen Leute aus aller Welt«, sagte sie kopfschüttelnd. Ja, so können Touristen sein.

So waren wir eineinhalb Stunden später wieder auf dem Schiff. Schade, ich hatte mich auf die tropische Natur gefreut, malte mir aus, wie nah ich den Affen kommen könnte, hoffte, mich endlich mal wieder richtig in den Fluten tummeln und eine schöne Hotelanlage genießen zu können. Dafür schwitze ich nun so vor mich hin im Liegestuhl auf der Terrasse. Am Abend sitzen wir zufällig am Tisch des Geschäftsführers der Reederei. Er mache mit seiner Frau ganz privat 14 Tage Urlaub, äußert er. Dabei erfahren wir, dass wir morgen mit ihm auf Kosten des Unternehmens auf Tour gehen. Na wunderbar.

21. Februar

Das Schiff liegt auf Reede vor der Insel Ko Samui. Wir tendern an Land. »Bitte einsteigen«, sagt eine freundliche Thailänderin. Nur ist das so eine Sache. Ein offener Jeep. Ich sehe unseren Ausflug schon ins Wasser fallen. W. kann sich bei der Erkältung, die zwar im Abklingen ist, nicht der Zugluft aussetzen. Kein Problem, meint die Thai, und so nimmt W. neben dem Fahrer Platz. Wir sind zu sechst. Der Geschäftsführer, dessen Freund, der Türke mit Frau und wir. Wir werden ganz schön durchgeschüttelt, fahren, dafür ist's ja ein Jeep, über Stock und Stein.

Erster Stopp sind die Wasserfälle Na Muang. Der Name der Wasserfälle ist auf die violetten Felsen zurückzuführen. Na Muang heißt übersetzt violett. Zuerst peilen wir den oberen Wasserfall an. Eigentlich sollte das auf dem Rücken eines Elefanten geschehen. Die sind unterwegs und unsere Zeit ist knapp. So geht die atemberaubende Fahrt weiter. Der Jeep schlängelt sich durch Dschungelgestrüpp. Auf schmalen Pfaden und abgebrochenen Wegen geht es hoch und wieder runter durch Flussläufe – es ist der reinste Wahnsinn. Nach jeder Kurve hoffe ich auf den Wasserfall. Endlich. Über einen Felsen stürzen Wassermassen 30 Meter in die Tiefe. Junge Leute in Bikini und Shorts versuchen zu baden, rutschen dabei auf den glitschigen Steinen aus, amüsieren sich wie Bolle. Interessant: Hier sind nur junge Leute unterwegs. Und wir Alten sind mittendrin. Auch beim Ritt auf einem Elefanten. Schon der Aufstieg auf das Tier ist abenteuerlich. Schließlich ist man nicht mehr so gelenkig. Dick heißt unser sehr schlanker Elefantenführer, der vor uns sitzt und mit seinen Zehen den Elefanten immer wieder hinter den Ohren krault. Gemächlich und ganz vorsichtig trabt Jumbo mit unserer Last entlang des unwegsamen Dschungelgeländes vorbei an Affen und Tigerbabys. »Is good ja, Mama, Papa?«, fragt uns Dick, der zweiundzwanzigjährige Elefantenführer. »Elefant mein Kind, ich Lehrer«, sagt der schwarzhaarige junge Mann lächelnd, seine weißen Zähne zeigend. Plötzlich springt Dick auf den Boden, bittet um meinen Fotoapparat. Erstaunlich, wie Mensch und Tier aufeinander eingespielt sind. Der Elefant sieht »seinen Chef« mit der Kamera, deutet einen Knicks an, wedelt mit den Ohren, schwingt seinen Rüssel und trompetet: »Seht her Leute – auf meinem Rücken zwei Alte aus Leipzig.« Dick lacht schallend, freut sich wie ein Kind. Nach einem 45-Minuten-Ritt sagen wir mit einem Obolus Dick und seinem Kind »Adieu« und fahren nach Wat Khun Aram. Wat heißt auf thailändisch Tempel und in diesem sitzt seit 28 Jahren in einer Vitrine der mumifizierte Mönch Luang Po Daeng. Er starb im Alter von 79 Jahren, sagte seinen Todestag genau voraus und prophezeite, dass sein Leichnam nie verwesen wird. So steht es an einer Tafel. Wie man sieht, behielt er recht. Täglich pilgern Thailänder und Touristen aus aller Welt zum Khun Aram Tempel. Übrigens sollen dem Mönch noch heute die Haare wachsen. Einmal im Jahr wird die Mumie nach Moskau geschickt, um sie neu einzubalsamieren. Noch ein weiterer Tempel liegt auf unserem Weg, ehe wir mit dem letzten Tender wieder *Das Schiff* erreichen. Der geplante Drink in einem Hotel fällt aus Zeitgründen aus. Ein voller Abenteuer steckender erlebnisreicher Tag. Danke, liebe Geschäftsleitung.

Tempel, Wolkenkratzer, Opiumhöhlen

22. Februar

120 Kilometer vom thailändischen Hafen Laem Chabang ist die Hauptstadt des Landes, Bangkok, entfernt, die wir heute

»erobern«. »43 Millionen leben im Land, das bekanntlich unser König Bhumibol seit 1946 regiert. Wir haben den Sprung zum modernen Wirtschaftsstaat geschafft, ohne unsere traditionellen Werte zu vergessen. Sie werden bald Wolkenkratzer, Tempel, historische Paläste, aber auch enge Gassen sehen. Vor allem in Chinatown ist alles noch dicht gedrängt, Läden, Bars, Opiumhöhlen – all das ist ein Erlebnis für sich«, sagt Judi, die junge Dolmetscherin.

Diese »verruchte« Gegend hätte ich mir ja gern mal angesehen, einen Blick in eine Opiumhöhle gewagt, aber nein, wir schreiten auf dem Pfad der Tugend und besuchen den Tempel des goldenen Buddha mit einer 3,5 m hohen Buddhastatue aus massivem Gold. Anschließend werden die Tempel der Morgenröte und des ruhenden Buddha besichtigt. Letzterer ist nicht nur der älteste der Stadt, sondern auch der größte. Die Figur ist 45 m lang und 15 m hoch. Alles schön anzusehen. Das heißt aber auch: Schuhe ausziehen – Schuhe wieder anziehen und nicht verlaufen. W. verschwindet im Tempel des größten Buddha, kommt und kommt nicht wieder. »Ich habe den Ausgang nicht mehr gefunden«, sagt er und verspricht mir, im Königspalast immer an meiner Seite zu bleiben. Auf dem Schiff wurde extra drauf hingewiesen, sich nicht freizügig zu kleiden. Aber wie das so ist, mancher meint, die Sitten und Bräuche des Gastlandes treffen auf ihn nicht zu. So eine arrogante Münchnerin. Ihr wurde der Eintritt verwehrt. Es musste ein Wickelrock gekauft werden. Für uns – die anderen 29 Leute – bedeutete das, auf die Dame zu warten und das eine geraume Zeit. Verständlich der Frust der Wartenden, zumal sich die Frau noch über diese Vorschriften echauffiert. Im Königs-Areal ist die wichtigste Sehenswürdigkeit der etwa 2000 Jahre alte Tempel des Smaragd-Buddha, der auch als königliche Kapelle dient. So steht es im Reiseführer. Dämonen stehen vor dem Eingang. Sie sollen die bösen Geister abwehren. So viel Gold auf einem Haufen, so prachtvolle Mosaiken – man möchte das Bild für immer in sich aufnehmen, aber leider bin ich vergesslich. Jedoch, wofür gibt es schließlich eine Kamera. Dem 66 m hohen Buddha – die Dolmetscherin erzählt, er sei aus einem einzigen Block Nephrit – das ist eine Jadeart – werden übernatürliche Kräfte zugeschrieben. Deshalb besuche der König, der nicht mehr in diesem Areal wohnt, jährlich mehrmals diesen Tempel, bringe persönlich rituelle Opfergaben. Ich werde nicht müde, all die königlichen Gebäude, Türme, Regierungsbauten zu fotografieren. W. ist dabei mein Model, und er tut's, wie immer, in seiner gelassenen Art. Bei all dem unbeschreiblichen Trubel uns zu verlieren, das wäre eine Tragik. Gott sei dank ist nichts passiert. Vor dem Königspalast, wie überall, übertrumpfen sich die Händler mit ihrem Geschrei. Bald flügellahm, erspare ich mir den nächsten Tempel, der unweit des Königspalastes auf uns wartet. W. auch. So sitzen wir auf zwei Plastestühlen vor dem Eingang, beobachten das stetige Kommen und Gehen von Chinesen, Japanern, Schwarzen, Weißgesichtern… »Wissen Sie, dass Bangkog auch das Venedig des Ostens ist?«, fragt Judi, zeigt am Fluss auf ein Boot, das bereits auf uns wartet. Vom Fluss, namens Chao Phraya, haben wir einen herrlichen Blick auf die Metropole mit ihren in der Sonne leuchtenden goldenen Kuppeln und Türmen. Das Boot biegt schließlich ab in Klongs. Das sind im Westen der Stadt gelegene Kanäle. Eine Oase der Ruhe umgibt uns nach all dem Großstadtlärm. Hausboote, rechts und links am Flussufer kleine Häuschen, manche sind von einem Blumenmeer umrankt, andere sehen ziemlich ärmlich aus. Angler hoffen auf Beute. Fast wie in Venedig. Nur dass hier anstelle von Gondeln reich verzierte Drachenboote in einer tropischen Landschaft dahingleiten. Plötzlich bekommen wir Weißbrot in die Hand gedrückt. Mittagszeit – Fische warten auf Futter, erklärt uns Judi, und tatsächlich sind wir im Nu in der Mitte eines breiteren Kanals von Welsen umgeben. Sie strecken ihr Maul aus dem Wasser, streiten sich um jeden Bissen. Auch uns werden die Mäuler gestopft. In einem am Fluss gelegenen blumenumrankten Hotel. Ein reichhaltiges Büfett mit typisch thailändischen und europäischen Speisen erwartet uns. Zu den typisch thailändischen Gerichten gehören gebratener Fisch in dicker süßsaurer Soße, Rindfleischcurry, gebratener und gekochter Reis, scharfe Gewürze, Hühnerfleisch auf Bambussprossen…

Einige ältere deutsche Herren lassen es sich schon schmecken. »Wir sind keine Sextouristen«, behauptet einer im bayrischen Dialekt, obwohl wir gar nicht danach gefragt haben. »Das sagen die Männer alle, ich weiß es besser«, meint Judi, die an unserem Tisch sitzt und von ihrer Freundin erzählt, die einem Schwaben auf den Leim ging, der ihr versicherte, dass er sie heiratet. »Alles Schwindel. Mein Freundin erhält keinen Pfennig Unterhalt für das Kind. Von den thailändischen Männern wird sie verachtet«, erregt sich Judi. Ich erzähle, dass ich in Leipzig zwei Männer kenne, die mit ihrer thailändischen Frau sehr glücklich sind und das seit vielen Jahren. Einer von den beiden ist im Rentenalter mit seiner Frau nach Thailand gegangen, lebt mit ihr und der großen Familie in Saus und Braus. Ich weiß das so genau, weil einige seiner ehemaligen Geschäftspartner ihn immer mal wieder im »Land des Lächelns« besuchen. So unterschiedlich ist das.

Auf der Fahrt zurück zum Hafen erzählt die Dolmetscherin noch ein wenig über die Wohnverhältnisse in der Hauptstadt. Viele Familien würden wegen der hohen Mieten sehr beengt wohnen. Eine vierköpfige Familie habe in der Regel 24 qm, zumeist sei keine Küche dabei. Deshalb also die Garküchen fast an jeder Ecke…

Wir sind noch immer im Hafen von Laem Chabang (Bangkok). Heute ist wieder Passagierwechsel. Etliche steigen aus

– andere ein. Ein nicht mehr ganz junges Pärchen muss besonders Tränen wischen. Er Norweger, sie Deutsche, fanden auf dem Schiff zueinander, verliebten und verlobten sich ganz offiziell. Sie sagte mir Tage später, dass sie wenigstens eine Gratulation der Kreuzfahrtleitung erwartet hätte. Sie werde nach dem Ende der Weltreise recht bald ihren Verlobten in Norwegen treffen. Ich weiß nicht genau, ob die Verlobte tatsächlich in einer Vier-Bett-Kabine wohnt. Es wird mitunter auch mit einem gehässigen Unterton darüber gesprochen, dass sie nun wieder zurück zu den drei anderen Frauen müsse, die sich immer mal wieder in die Haare kriegen.

Irgendwer erzählte mir, dass im Hafenterminal Internetanschluss sei. Ich klemme also meinen Laptop unter den Arm, schlendere ins Terminal, freue mich über die mailenden Seeleute. Dabei mailen die gar nicht. Sie versuchen, eine Verbindung zum Internet zu bekommen, es scheint aussichtslos. Also trete ich den Rückweg an, werde klitschnass, obwohl es bis hin zum Schiff nur zehn Schritte sind. Diese asiatischen Regengüsse kommen wie der Blitz aus heiterem Himmel, sind unwahrscheinlich kräftig und verschwinden ganz rasch wieder.

Zwei Menschenschicksale

Erholung auf See lautet die Parole für den 24. und 25. Februar getreu einem Spruch von Konfuzius, der sagte: »Wohin du auch gehst, geh mit deinem ganzen Herzen.« Ich geh, um Seide zu bemalen, lese, W. träumt vor sich hin – wir schauen die Nachrichten der DEUTSCHEN WELLE, denn der gesamte arabische Raum ist in Aufruhr. Auch in Oman gibt es Proteste gegen die Regierung. Dort soll ja die »Astor« am 16. März festmachen.

Wahrscheinlich wird aus diesem Landgang auch nichts. Und hoffentlich kapern uns die Piraten nicht. Das wäre ja schrecklich. Aber bis zum Golf von Aden – dem Revier der Piraten – haben wir noch eine Weile Zeit. Jetzt machen wir erst mal eine Sauerstoff-Therapie frei nach Manfred von Ardenne, indem wir auf dem windgeschützten Pooldeck ins Wasser schauen, tief ein- und ausatmen. So bekommen die Lungenflügel Sauerstoffbällchen, die im Wasser stecken. W. meint nach einer Weile, er habe jetzt genug geschnüffelt und verabschiedet sich in die Kabine. Ich unterhalte mich wieder mit den zwei Frauen aus dem Schwarzwald. Wir reden über die letzten Ausflüge, über unsere Blumen daheim, darüber, was man früher so getrieben hat. Und ich erfahre von Schicksalsschlägen, durch die beide Frauen vor Jahren auf einer Kreuzfahrt Freundinnen wurden. Erika K. erzählt, dass sie am Bodensee als 16jährige das Kriegsende erlebte, sich dabei in einen Generalleutnant verliebte, der sich auf der Flucht befand und den sie in einem Stall versteckte. Dabei erfuhr sie, dass er Rumäne ist und versuchte, nach Amerika zu kommen. Sie schworen sich ewige Treue, und tatsächlich erhielt sie 1946 ein Schiffsticket nach Argentinien. Sie reiste ihm nach, er verlegte Gleise in Patagonien. Sie heirateten, bekamen zwei Kinder, lebten ärmlich in der Steppe in einem Dorf mit drei Häusern, fernab der Zivilisation. Als ihr Mann starb, waren die Kinder sieben und neun Jahre alt. Völlig mittellos, verdingte sie sich als Magd bei einer reichen Farmerfamilie, um ihre Kinder zu ernähren und sparte für die Flugtickets nach Deutschland. »Das war schon eine schwierige Situation. Seit 1960 sind wir wieder in Deutschland. Meine beiden Kinder sind Akademiker. Ich übernahm die kleine Firma meiner Eltern. So hart und so schön ist das Leben«, resümiert Erika und stößt mit uns mit Champus an. Ingrid erzählt, dass sie, die Eltern waren Nazis, als 14jährige in einem polnischen Gefängnis landete.

»Russische Soldaten befreiten mich, sorgten für meine Unterkunft. Ich verliebte mich in einen russischen Kulturoffizier, wir heirateten, wohnten in Königsberg, führten eine wunderbare Ehe. Als Witwe kam ich in den Schwarzwald zurück, wo einst meine Großeltern wohnten«, gibt Ingrid zum Besten und fragt, ob wir uns heute abend beim Kapitänsempfang wiedersehen. Ich verneine. W. ist kein Partygänger.

Singapur – eine Stadt der Superlative

Sonnabend, 26. Februar

Singapur – der wohlhabende Stadtstaat, kleiner als Hamburg, erwartet uns. Da ich in den 90er Jahren schon zweimal mit dem Schiff in Singapur war, bildete ich mir ein, mich ein wenig auszukennen. Aber denkste. Ich begegne einer völlig neuen, noch moderneren Metropole mit imposanten Wolkenkratzern, kleinen bunten Häusern, viel Grün, riesigen Einkaufstempeln, typischen Kolonialbauten. »Vanda Miss Joaqium«, das ist die Nationalblume. Sie sorgt nicht nur in dem herrlich angelegten Botanischen Garten fürs Hingucken. Überhaupt ist das üppige Grün in der Stadt auffallend und sehr angenehm. Palmen über Palmen prägen das Bild, die einst der deutsche Botaniker Johann Marie Hildebrandt 1878 im damaligen Königreich Madagaskar entdeckte. Diese unbekannte Palmenart kam später nach Singapur, die der Entdecker Bismarckpalme (Bismarckia nobilis) genannt hatte, nach dem Reichsgründer Otto von Bismarck. »Wir verehren diese Bismarckia-nobilis-Palmen sehr«, meint Dolmetscher Alvin, chinesischer Abstammung. Und ich glaube, es ist einmalig, was er dann erzählt: Diese Palmen und andere Bäume stehen unter Naturschutz. Deshalb sind sie mit Blitzableitern versehen, um sie vor den zahlreichen Gewitterblitzen zu schützen. Jährlich koste allein dieses grüne Vergnügen jeden Steuerzahler an die 4000 Singapurdollar. »Das zahlen wir gern«, erklärt Alvin. Ebenso, dass der Stadtstaat viel für die Infrastruktur und für die aus Chinesen, Malayen, Indern, Tamilen bestehende Bevölkerung tut. Das betreffe vor allem den Wohnungsbau, das Bildungswesen. Bereits die Schüler der ersten Klasse werden in Computertechnik und Fremdsprachen unterrichtet. In Singapur gibt es keine Obdachlosen, keine Bettler, keine Kriminalität. Hier kann man nachts mit der U-Bahn fahren, das habe ich bei einem früheren Aufenthalt ausprobiert. Auch die Sauberkeit gehört zum Staatskonzept. Papier, Zigarettenkippen oder sonstigen Abfall auf der Straße wegzuwerfen oder die Straße verkehrswidrig zu überqueren, wird empfindlich bestraft… Wir schauen den Gondeln der Seilbahn nach, die zum Freizeitpark führen, steigen in »bumboats« (kleine feine Boote), befahren den nur drei Kilometer langen Singapore River, der von den Einheimischen »Seele von Singapur« genannt wird und an dessen Ufer die erste Handelsniederlassung entstand. Dolmetscher Alvin zeigt auf Regierungsgebäude, auf das Hauptpostamt, auf die alten Lager- und Geschäftshäuser, die heute schicke Boutiquen, Cafes, Restaurants beherbergen und schließlich auf ein riesiges Baugelände. »Das wird einmal unser neuer botanischer Garten sein. Und dort die drei über 200 Meter hohen Türme mitten im Wasser, schauen Sie, auf ihnen ist soeben ein Riesensurfbrett gelandet«, scherzt er. Tatsächlich ist das »Riesensurfbrett« ein parkähnlicher Dachgarten mit Palmen, Blumen, Wasserfontänen, Beeten, Restaurants, Swimming- und Whirlpools, Spielplätzen… In den drei Türmen befinden sich in der Hauptsache Hotels. Der Weg zum »Luft«park führt über 57 Etagen und dauert ganze 58 Sekunden. Einfach Wahnsinn. Wir trinken in dieser luftigen Höhe Kaffee, haben einen Irrsinnsblick auf Singapur und auf das weite Meer.

Ortswechsel. Curryduft steigt in die Nase, Frauen huschen in leuchtenden bunten Saris mit Einkaufsbeuteln durch Little India, das im ursprünglichen Sinne erhalten blieb. Leider bleibt nur ein kurzes Hinschauen auf die bunten Gewänder, auf den reizvollen Schmuck, die exotischen Gewürze, die Obst- und Gemüsestände in den sich aneinander reihenden Geschäften. Weiter geht's zum altehrwürdigen Raffles Hotel. Benannt nach Sir Stanford Raffles, der 1819 Singapur gründete. Seit 1887 existiert das heute luxuriöse Hotel, in dem große Literaten wie Hermann Hesse, Schauspieler wie Charlie Chaplin aus- und eingingen. In der holzgetäfelten Bar des Hotels, an den Wänden erinnern Fotos an die Gründer- und Kolonialzeit, wurde der berühmte Singapore Sling erfunden. Ein Cocktail bestehend aus Gin, Cherry-Brandy, Triple Sec, Cointreau oder Benediktiner, Ananassaft, Lime Juice Cordial, Grenadine und einem Spritzer Angostura. Ein kleiner Schuss Parfüm gibt dem Cocktail das besondere Etwas. Bei dem Getränk könnte man bleiben, allerdings nur bei dicker Brieftasche. Zum Singapore Sling gehören Erdnüsse. Deren Schalen könne man ruhig auf den Boden werfen, rät der Kellner. Die Engländer hätten das immer getan und tun es heute noch. Ich bin kein Engländer. Deshalb lege ich die Schalen fein geordnet auf den Tisch und genieße mit W. die in der Welt einmalige Rafflesbar. Nach dem Sling flanieren wir durch die Hotelanlagen, kommen zum Haupteingang, an dem Brautleute aus einem mit weißen Rosen geschmückten Rolls Roys steigen. Ein wie ein Maharadscha aussehender Inder öffnet ihnen die Tür. »No Foto«, sagt der Brautvater. Schade. Dafür wird der Inder in seiner tollen Uniform aufs Bild gebannt. Alvin meint: »Hier hätte ich auch gern meine Hochzeit gefeiert. Aber dazu reichte unser Geld nicht. Wir sind auch so glücklich«, weil Singapur einmalig ist. Ist es auch. In diese Stadt könnte man sich verlieben, zumal auch Traumstrände locken…

Ein Andenken an diesen schönen Stadtstaat liegt bei mir auf dem Schreibtisch. Jederzeit griff- und startbereit. Im Hafenterminal kaufe ich mir eine Kamera in einen Fotoshop. Eine Canon neuester Bauart. 258 Euro soll sie kosten. Ich handle auf 248 herunter und bekomme dazu noch die Fototasche und eine Speicherkarte. Für W. kaufen wir an einem Stand eine gefälschte Schweizer Uhr für ganze 13 Dollar. Da das Armband zu groß ist, wird es gleich gekürzt. Damit hat W. wieder eine Uhr am Arm, weiß, was die Stunde geschlagen hat. Seine echte Schweizer Uhr streikt seit einigen Tagen.

Wie ein Spielzeugland liegt uns KL zu Füßen

Sonntag, 26. Februar

Die Nacht war kurz, die See ruhig. Um 6.30 Uhr meldet sich der Telefonwecker. Duschen, anziehen, frühstücken und dann ab zum Bus. Eine ältere, elegante Dame bittet um die Ausflugstickets und bald wissen wir, dass sie Renate heißt, uns begleitet und aus der »besseren« Gesellschaft kommt. Sie wurde in Bangladesch geboren, wuchs in Indien auf. Seit fast 50 Jahren wohnt sie in Kuala Lumpur oder KL, wie sie sagt. Das ist der Kosename für diese schnell wachsende Hauptstadt, die im neuzeitlichen Städtebau an vorderster Stelle in Asien stehen soll. Malaysias Urwald, sagt sie, sei seit der Eiszeit unberührt geblieben, so dass er als der älteste der Erde gilt.

Wir befahren die 1-a-Autobahn, biegen nach Klang ab. Einst berühmte Königsstadt, heute aufblühende Hauptstadt des Bundesstaates Selangor. Das repräsentativste Gebäude: Die blaue Moschee des Sultans Abdul Aziz. Ihre Kuppeln und Minarette sollen zu den größten der Welt gehören. Die blaue Moschee liegt uns zu Füßen in einem 15 Hektar großen Garten. Von hier aus habe man den besten Blick auf die in der Sonne glänzende silberblaue Kuppel der Moschee. Als ich auf den Rasen trete, um fürs Fotografieren eine noch bessere Perspektive zu bekommen, beißt mich eine ziemlich große Ameise ins Bein, als wolle sie sagen: Bleib gefälligst auf dem Weg. Den geht es dann auch weiter nach KL. Renate berichtet weiter über ihre Wahlheimat, davon, dass KL noch vor 100 Jahren ein kleines zinnschürfendes Hüttendorf im Dschungel gewesen sei. Daraus geworden ist eine grüne Stadt der Superlative mit fast zwei Millionen Einwohnern. Auch hier auffällig das üppige Grün, die Sauberkeit. Das freundliche Miteinander des Völkergemischs. Erster Halt ist die offizielle Residenz des Königs, der Nationalpalast Istana Negra. Gebaut haben soll ihn ein reicher Chinese für sich, seine vier Haupt- und zig Nebenfrauen sowie seine 24 Kinder. Wir dürfen nur durch die Gitterstäbe schauen mit Sicht auf goldene Kuppeln, auf den gepflegten Rasen. Vor der Residenz rechts und links des Eingangs sitzt jeweils ein Wachsoldat in schmucker Uniform auf einem Pferd. Das ist natürlich ein begehrtes Foto-Objekt. Ebenso wie die märchenhafte indisch-maurische Architektur, die neben den Wolkenkratzern eine wunderschöne Gegensätzlichkeit bietet. Der im arabischen Stil 1910 erbaute Bahnhof sieht mit seinen Türmen, Bögen und Kuppeln eher wie ein Sultanspalast aus. Am Unabhängigkeitsplatz, auf dem in der heutigen Zeit die Paraden zum Nationalfeiertag stattfinden, erinnern die Gebäude an die britische Herrschaft. Der Platz ist für junge Leute, Familien mit Kindern ein beliebter Treffpunkt. Auch wir lustwandeln, schauen uns das Treiben von einer der zahlreichen Bänke aus an, und schon geht es weiter zu den 452 Meter hohen Zwillingstürmen. Bekannt als Petronas Tower. Sie sind, so erfahren wir, in dreijähriger Bauzeit Ende der 90er Jahre entstanden und zählen neben Taipei und dem Burj Dubai zu den höchsten Bauwerken der Welt. Erstaunlich die kurze Bauzeit von drei Jahren beim Gedanken an die noch immer nicht fertige U-Bahn in Leipzig.

Nicht einmal eine Minute braucht der Fahrstuhl des vierthöchsten Fernsehturms der Welt bis zur Aussichtsplattform in 276 m Höhe. Hier liegt die Metropole wie ein Spielzeugland unter uns. Auch hier auf der Plattform drängen sich die Menschen aus aller Herren Länder. Über Kopfhörer wird in den gängigsten Sprachen über die Sehenswürdigkeiten zu ebener Erde informiert. Dieser moderne asiatische Bauboom der Superlative, in viel Grün eingebunden, verknüpft mit Traditionellem, ob in China, Taiwan, in Hongkong, Macao, Thailand, Singapur und jetzt Malaysia, ist wirklich sagenhaft. Ein Zeichen dafür, dass dieser Kontinent in nicht all zu langer Zeit Europa wirtschaftlich überholen wird.

Überhaupt nicht sagenhaft ist das Mittagessen. Das Büfett steht bei 33 Grad im Schatten in der prallen Sonne. Aber andere Länder, andere Sitten. Danke. Ich esse mein trockenes Brötchen, W. hat sich einen Löffel Reis geholt, den er mit Verachtung runterschlingt.

Beim Gang durch Chinatown – eine Meile der Fälschungen – bleibt W. im Bus. Ich laufe mit, obwohl ich eigentlich auch ziemlich fertig bin. Aber die Gier, was zu verpassen, ist größer. Geplättet steigen wir am Abend vor dem Schiff aus dem Bus in der Gewissheit, dass die heutigen Begegnungen Spuren hinterlassen, die nie ganz verwehen werden.

Montag, 28. Februar

Wir sind noch immer in Malaysia. Nur in einem anderen Hafen. In Pekan Kuah. Ich krame meine während eines Bordvortrags gemachten Aufzeichnungen über Langkawi hervor, die Hauptinsel der gleichnamigen 99 Eilande umfassenden Inselgruppe, und lese, dass die Hauptstadt Kuah heißt. Kuah bedeutet übersetzt Bratensoße. Damit wird an das Missgeschick der Prinzessin Mahsuri erinnert, die einen Freier ablehnte. Dessen Familie soll daraufhin einen Kampf angezettelt haben, bei dem Töpfe und Pfannen zerbrachen, die Bratensoße auf den Boden lief... Ein Krug mit heißem Wasser fiel zu Boden und verwandelte sich in eine heiße Quelle.... Die Prinzessin wurde schließlich wegen Ehebruchs hingerichtet. Aus ihrem Körper soll weißes Blut geflossen sein. Das deutete auf ihre Unschuld hin. Auf einem Dorffriedhof, wenige Kilometer von der Hauptstadt entfernt, ist die Prinzessin begraben. Auf ihrem Marmorgrab liegen immer frische Blumen. Vielleicht kann ich das Grab sehen während des heutigen Ausflugs, den ich alleine unternehme. W. hat keinen Bock auf einen Badeausflug. Ich überlegte zwar, ob ich auf dem Schiff bleiben sollte oder... Da ich aber während dieser Weltreise nie an einem Hotelstrand war, fahre ich. Und ich muss sagen, schon auf dem Weg zum Strand gewinnt Langkawi bei mir an Ansehen. Saubere Straßen, sehenswerte Einkaufsmeilen. Wenn ich da an die »Traum«insel Ko Samui denke, deren Wege, auch landschaftlich schöne Flächen, oft zugemüllt sind, dann kann ich nur sagen: Alle Achtung, Langkawi. Schon in Kuala Lumpur erzählte Dolmetscherin Renate, dass ihre Regierung viel Wert darauf lege, dass Europäer zum Überwintern in Malaysia Urlaub machen sollten. Das ist wirklich eine gute Empfehlung im Hinblick auf tropische Vielfalt, Sauberkeit, günstige Preise. Am Wegesrand sitzen Affen. Niedlich anzusehen. Der hiesige Reiseleiter erzählt, dass die ganz schlau sind, wissen, wie eine Flasche zu öffnen geht, in welcher Tasche was zu holen ist… Hier gibt es auch solch dressierte Affen, die als Beisitzer auf dem Motorroller eine gute Figur machen und als Kokosnusspflücker arbeiten. Mir sind am Strand keine diebischen Affen begegnet – ich hätte schon gern mal gesehen, wie sie sich als diebische Elstern anstellen. Das Hotel liegt in einer Bucht. Im Hintergrund zwei Berge, denen von Bora Bora ähnlich, wie überhaupt die ganze Gegend den Südsee-Charakter widerspiegelt. Der Legende nach wurden die Väter der beiden Familien, die sich bekanntlich mit Töpfen und Pfannen bekriegten, in diese beiden Berge verwandelt, die die Gegend so einmalig machen. Die gesamte Anlage kann man mit der Südsee vergleichen. Ich steige in die hoffentlich kühlen Fluten und stelle fest: Eine Abkühlung ist das nicht. Wassertemperatur 25 Grad. Dabei lerne ich ein Ehepaar aus Holland kennen, das seit ein paar Jahren hier überwintert. »Schön und billig«, so ihr Statement. Später plansche ich im Pool, rings um mich Blumen, Palmen, dazu schöne Musik. Schade, dass der Zeiger der Uhr so schnell rennt, als laufe er um sein Leben. Aber alles Schöne geht bekanntlich immer schneller zu Ende.

Zahlmeister besingt Liebe der Matrosen

1123 Seemeilen, das sind in etwa 2080 Kilometer oder zwei Seetage, und wir sind in Madras. Aber jetzt erst einmal begeben wir uns ins Bordleben, machen unsere Schwimmübungen im Innenpool, spielen Shuffleboard, schauen dem Schnitzer Jonathan zu, der im Nu aus einem Eisbrocken eine Nixe zaubert. Mann oh Mann, hat der Junge flinke, geschickte Finger. Überhaupt steckt in so manchem Seemann ein Talent, das er ab und an mal zur Schau stellt, und zwar in der Crew-Show. Vom Moderator über die Girls vom Ballett, zumeist Jungs und

Mädels aus den Restaurants und Bars, Akrobaten, bis hin zu Solosängern wird ein Programm geboten, das einen beachtlichen Unterhaltungswert hat. Zumal das kulturelle Angebot durch die mindestens zehn auf dem Schiff vertretenen Nationalitäten sehr bunt ist. Die »Laien« sorgen auch für den guten Ton, die Lichteffekte, die Choreographie. Schön zu sehen, wie der Matrose vom Tenderboot die Bälle durch die Luft wirbelt... Gut für die Ohren die Stimme des Zahlmeisters, der von der Liebe der Matrosen singt, der heimatliche Gesang der Filipinos... Stürmischer Applaus der Passagiere, die ihren Steward, ihre Ausflugsleiterin noch am nächsten Tag mit Komplimenten überschütten. Es wird immer wieder behauptet, diese Crew-Shows sind beliebter als die Profi-Shows. So kann man das nicht sagen. Aber es knistert schon etwas mehr, wenn man weiß, der Junge stand vor zwei Stunden noch in der Kombüse, das Mädel tauscht den Fitnesskittel gegen einen Turndress, und alle zusammen haben Herzklopfen kostenlos.

Bootsmann mit Herz

Die Produktmanagerin der Bereederungs GmbH aus Bremen ist an Bord und beehrt uns mit ihrem Besuch. Sie bringt uns eine Flasche Wein vom Ratskeller Bremen als Geschenk mit. Auch dabei der Concierge. Wie das so ist, kommt die Rede auch auf das Schiff und damit auf unsere Suite, die trotz aller Attraktivität Mängel hat, wie die nicht funktionierende Klimaanlage, Lärmbelästigung unter Mittag durch Probe der Künstler, am Abend durch die Show, durch Reparaturen in der Lounge. Ebenso bemängelten wir von Beginn unserer Reise an, dass die Tür zur Terrasse durch uns nicht zu öffnen ist. Zweieinhalb Monate konnte sie nur mit Hilfe eines kräftigen Stewards geöffnet werden. Als der Bootsmann eines Tages sah, wie W. sich abmühte, kam er am nächsten Tag mit zwei Handwerkern und siehe da, seitdem geht die Tür ganz leicht auf. Aber auch gleich wieder zu, so dass du draußen stehst, aber nicht wieder rein kannst. Die neben der Tür angebrachte Elektronik funktioniert nicht. Immer wieder fotografierte der Staffkapitän, andere kamen, guckten, passiert ist nichts. Die Managerin entschuldigt sich, notiert, veranlasst, dass wenigstens mittags keine Proben mehr stattfinden, unsere Mittagsruhe damit nicht mehr gestört ist. Überhaupt kann ich über diese noch sehr junge Frau in großer Verantwortung nur ein Loblied singen. Ich schreibe meinen Tratsch über Hongkong und Macao, den Text über die Musikprofessorin, die als Stewardess arbeitet, bringe auch die Fotos auf den Stick und schicke es über den Concierge digital auf die Reise…

Madras ist Bollywood

Der 4. März beschert uns die erste Begegnung mit Indien, und zwar mit Chennai, dem früheren Madras am Golf von Bengalen. Schon die erste Begegnung wird zum Albtraum. Es rücken an die 50 uniformierte Inder an, und es beginnt eine unglaubliche Bürokratie. Einreisevisa mussten wir uns schon vor der Reise auf der indischen Botschaft in Berlin besorgen und dafür 70 Euro pro Person bezahlen. Aber die scheinen nichts wert zu sein, denn es sind Fragebogen auszufüllen, dann folgen Pass- und Gesichtskontrolle auf dem Schiff. Am Ende der Gangway wieder Kontrolle von bewaffneten Uniformierten. W. hatte schon ähnliches prophezeit. Ich möchte unbedingt das »Vielfältige Südindien« kennen lernen. So nennt sich ein Ausflug. Beim Einstieg in den Bus Reisepass und Fragebogen vorzeigen. Am Hafenausgang wieder Passkontrolle. Dann der Kulturschock. Wir fahren am sehr breiten Strand entlang. An dessen Rand eine halbzerfallene Bude aus Holz und Palmenschnipsel oder mit Plasteabfall bedeckt neben der anderen. Darin hausen Menschen. Dazwischen Berge von Müll, auf denen Ziegen oder Kühe herumwühlen. Ab und an ein paar heruntergekommene Häuser auf der gegenüberliegenden Seite des Strandes. Gebäude, die gut aussehen, und davon gibt es eine ganze Menge, sind von einem hohen Zaun umgeben, vor dem Wachleute sitzen. Sauber weithin leuchtend die Tempel und Kirchen. Dazwischen die Frauen in ihren bunten, goldbestickten, verzierten Saris. Hübsch anzusehen. Dakshina Chitra heißt das Kulturmuseum. Hier soll auf engem Raum der Besucher mit der einstigen Lebensweise der südindischen Bevölkerung konfrontiert werden. Im Ausflugsprogramm war von noch erhaltenen Straßenzügen die Rede, von Arbeitsstätten, in denen Handwerker ihre kunstfertigen Arbeiten zeigen. Leider können wir davon nichts entdecken. Dafür Händler, die uns ihre Waren feilbieten. Das ist typisch Indien, meint W., der vor über 30 Jahren mit dem DDR-Handelsschiff Schwarzburg in Madras war. Etwas entschädigt werden wir mit klassisch-südindischem Gesang und Tanz. Stolz spricht aus den Worten der Dolmetscherin, als sie uns erzählt, dass in Chennai die tamilische Filmindustrie zu Hause ist und hier pro Woche drei Filme entstehen. In Anlehnung an das berühmte Hollywood hat man aus dem H einfach ein B gemacht. Wir fahren an den Bollywood-Filmstudios vorbei, durch voll gestopfte Straßen, Verkaufsbuden, Dreck, Dreck... Selbst viele Bäume sehen aus wie räudige Hunde. Vor dem Schiff wieder starke Kontrolle. So wie auf dem Flughafen, musst du deine Utensilien auf ein Laufband legen. Und wenn du denkst, du hast die Kontrollen nun hinter dir, hast du falsch gedacht. Auf dem Schiff kontrollieren die Inder noch einmal. Uniform macht Macht. So hat jedes Land seine Gesetze, die sicher auch willkürlich ausgelegt werden können.

Im Theaterstück des Schriftstellers Helmut Richter AUF NACH MADRAS, das vor Jahrzehnten in Leipzig uraufgeführt wurde, geht es um eine Journalistin, die in Madras Spuren ihres Onkels entdecken möchte, der vor den Nazis nach Madras floh. Sie erhält von den DDR-Behörden keine Ausreise, da sie ledig ist... Für mich ist das als Journalistin heute keine Hürde mehr...

Für Nelson bester Hafen

5. März

Trincomalee heißt der Hafen von Sri Lanka, dem paradiesischen Tropfen im Indischen Ozean, wie Urlaubskataloge versprechen. Die Kleinstadt liegt auf einem Felsvorsprung einer langen schmalen Halbinsel. Briten, Holländer hinterließen hier ihre Spuren, und Admiral Lord Nelson beschrieb den Hafen als den besten der Welt. Mit Fähren kann man hier für ein paar Rupien von einer Anlegestelle zur andern fahren. Wir bleiben auf dem Schiff. »Dass alles vergeht, weiß man schon in der Jugend. Aber wie schnell alles vergeht, erfährt man erst im Alter.« Genauso wie es Marie von Ebner-Eschenbach einst sah, ist es auch.

Heute ist nun schon der 6. März. In weniger als einem Monat sind wir wieder in Leipzig. Da heißt es, jeden Tag genießen, als sei er der letzte, wie ein chinesisches Sprichwort rät. Wir liegen auf unserer Terrasse an einem schattigen Fleckchen, um die gute Seeluft einzuatmen, dösen vor uns hin. Es ist tatsächlich so, dass die sauerstoffhaltige Seeluft das Herz frei macht. Kein Wehwehchen, kein Pieksen und Zwicken wie das zu Hause der Fall ist. Ich bemale wieder ein Tuch aus Seide. Im Shop kaufe ich ein weißes Shirt für 19 Euro, bekomme als Mitglied im Columbusclub Rabatt, spare fast einen Euro. Am Abend gibt es neben vielen anderen Schmäckerchen Marillenpalatschinken. Da könnt ich mich reinlegen. 44 Köche sorgen sich übrigens um unser Wohl. Ich habe eine Speisekarte des Restaurants für den Abend vor mir liegen. Da ist zu wählen zwischen drei kalten Vorspeisen, zwei Suppen, einer warmen Vorspeise und fünf Hauptgängen. Wie wär's mit diesem Menü? Bel Paese Käse, luftgetrockneter Schinken, Melonenfächer und Basilikum-Tomaten-Bruschetta, Mastochsenbrühe mit Kräutereistreifen, sautierte Kalbsnierchen mit Frühlingslauch, Sherry und Reis Timbal, Entenkeule mit Orangensauce zu Rotkohl und Kartoffelkloß und als Dessert Schokoladenkuchen mit Pralinensauce.

Ertrinken oder 50 Dollar zahlen?

»Ihr Leben wird Ihnen doch 50 Dollar wert sein«, sagte einer der zwei Ceylonesen auf einem Katamaran zu W. Heiduczek, der in den Gewässern von Mount Lavinia gegen starke Strömung in der Nähe von Sri Lankas Hauptstadt Colombo ankämpfte. Nahe einem Riff musste er dann doch klein beigeben. Das geschah vor mehr als 30 Jahren. Jetzt steht er wieder in der Nähe des Geschehens. Diesmal im Hotel Lavinia, schaut auf den herrlichen Strand, zeigt hinaus aufs Meer, dahin, wo er einst um sein Leben feilschte. Und geht wieder baden. Diesmal mit mir. In den Swimmingpool des Fünf-Sterne-Hotels. Am 7. März 2011. Die Fahrt zum Hotel und wieder zurück führt uns durch die Metropole, die sich sauber präsentiert. W. hat ebenso wie ich in Erinnerung, dass es nicht immer so war. Ich erzähle das dem Reiseleiter vor Ort, der sich über das Kompliment freut, auf den jungen Umweltminister verweist. Dieser habe entsprechende Gesetze auf den Weg gebracht. Selbst das Rauchen auf der Straße ist verboten. Auch hier, wie in allen Hauptstädten, wachsen die Wolkenkratzer. Allerdings gibt es daneben auch immer noch Gegenden mit Kolonialgebäuden, die ihren alten Charme behalten haben.

Karneval am Pooldeck

Wieder auf dem Schiff, schmücken Stewards die Fläche vor der Hansebar mit Luftballons und allerlei Krimskram. Schließlich ist heute Rosenmontag, und der geht auch an der »Astor« nicht vorbei. Kostümiert solle man erscheinen, meint die Kreuzfahrtleitung. Und so ziehe ich ein Kleid an, das Heidi mir aus dem Oman mitbrachte. Damit errege ich sogar Aufsehen, komme mit unter die ersten fünf besten Kostüme. Einer hatte sich als Scheich verkleidet, gewinnt eine Flasche Sekt. Die anderen vier erhalten einen Eiskratzer. Den kann ich sogar gebrauchen. Allerdings passt die Musik nicht zum Ereignis. Die rumänischen Sänger und Musikanten der Show-Band versuchen sich mit Liedern des brasilianischen Karnevals, bis einer der Passagiere ruft: »Wir wollen Rosenmontag feiern!« Da taucht DJ Hardy auf. Endlich kommt Stimmung auf.

Schon Heine verliebte sich in die Sonnen-Auf- und Untergänge

Bingo – und wieder wandern 50 Euro in meine Tasche. Das ist für mich der Knüller des Seetages, noch dazu zum Frauentag. Immerhin steigt damit meine Bingo-Erfolgsquote auf mehr als 200 Euro. Am Abend schauen wir uns die Crew-Show an. Diesmal ist der Shantychor besonders stark. Bei meiner Liebe für Seemannslieder hüpft natürlich mein Herz. Die vielseitige Leipzigerin Rica vom Ausflugsbüro oder Nelson aus

den Philippinen von der Reinigungskolonne sind zwei der Seeleute, die die Herzen der Passagiere verzaubern.

»Die ganze Natur ist eine Melodie, in der eine tiefe Harmonie
verborgen ist.« Goethe hatte mit diesem Ausspruch sicher auch
an die Sonnenauf- und Untergänge gedacht. Über 100 Tage
sind wir schon unterwegs und auch heute wieder, am 9. März,
hat sich die Sonne ein besonderes Bild ausgedacht, ehe sie im
Meer verschwindet. Da passt der Spruch von Heinrich Heine
genau, den W. deklamiert:

»Ein Fräulein stand am Meere,
sie seufzte tief und lang.
Es rührte sie so sehre,
der Sonnenuntergang.

Mein Fräulein sei'n Sie munter,
es ist der alte Lauf.
Da vorne geht sie unter
und steigt von hinten wieder auf.«

Südländisch heiter in Goa

Gestern in Cochin, sind wir nun auf dem Weg nach Mar-
mugao, dem Hafen von Goa. Im JPM GUIDES INDIEN lese ich
über Goa: »Ein Glas Wein unter dem bunten Sonnendach eines
Cafes, eine weiß getünchte Kirche am tiefblauen Wasser, Gi-
tarrenklang und südländisch heitere Stimmung – man könnte
meinen, man wäre am Mittelmeer. Doch es ist indische Sonne,
die hier die Blüten leuchten lässt, und es ist der Indische Ozean,
der ans weiße Sandgestade rollt.« Das macht neugierig. Deshalb stürzen wir uns beizeiten in das Vergnügen (11. März) und

gehen auf Ausflug »Typisches Goa«. Allerdings ist auch hier wieder Kontrolle, Kontrolle, Kontrolle. Unbegreiflich die Prozedur. Mit ausgefülltem Fragebogen und Reisepass marschiert man an einer langen Tafel vorbei, an der zehn Uniformierte sitzen. Das ist längst nicht alles. Fragebogen, Tageskarte und Pass musst du bei dir führen, an der Gangway zeigen. Am Ausgang des Hafens betritt ein Uniformierter mit aufgepflanztem Bajonett den Bus und kontrolliert noch einmal. Na gut. Das haben wir hinter uns und vor uns die ehemalige Hauptstadt des Landes Velha Goa. Unser Reiseleiter heißt Inder, hat in München Jura studiert, ist eigentlich Rechtsanwalt, aber die Reiseleiterei gefällt ihm besser, behauptet er und legt los: »Viele Einwohner, 1,5 Millionen sollen es sein, ob Hindu oder Christ, haben einen portugiesischen Pass und fühlen sich auch so. Immerhin herrschten hier die Portugiesen 451 Jahre. Seit 50 Jahren gehört Goa zu Indien. Die erste Einnahmequelle ist der Tourismus wegen der herrlichen Sandstrände, die Goa berühmt machten, die zweite sind einheimische Rohstoffe wie Erze. Die Goaner arbeiten im Jahr nur insgesamt 80 Tage.« Ob er dabei flunkert? »Der Monsun dauert drei Monate, es gibt viele Feste und Feiertage«, sagt er. Die Arbeitszeit beginnt neun Uhr. Von 13 Uhr bis 16 Uhr ist Pause. Danach muss man noch mal zwei Stunden arbeiten. Die fallen meist aus, denn es ist warm und man hat etwas getrunken. Da ist man müde«, erzählt er zur Erheiterung der Busgäste. Die Christen würde man daran erkennen, dass ihre Haustür stets geschlossen ist. Die Hindus hätten ihre Türen immer offen, denn Besuch bringe Glück. Frauen hätten wenig Rechte, sagt er. Ich frage, welche Rechte sie hätten. Er überlegt, dann meint er, eigentlich keine und versucht zu erklären, was einer jungen verheirateten Frau blüht. Bei den Hindus bestimme alles die Mutter des Mannes. So müsse die junge Frau, wenn ab fünf Uhr früh die Trinkwasserleitung geöffnet wird, schon ab vier Uhr auf der Hut sein. Sie müsse sich um den Haushalt, die Kinder, um das Essen kümmern. Sie müsse das Haus sauber halten, Kuhmist besorgen und damit den Boden säubern. Das würde zwar riechen, da die Kuh aber heilig ist, bringe das Glück. Außerdem halte der Geruch die Fliegen und Mücken fern, behauptet er. Ob die junge Frau dazu noch in einem Beruf arbeiten kann, darüber befindet natürlich ebenfalls die Schwiegermutter… Wahrscheinlich ist das in ländlichen Gegenden so, dass die Frau dem Mann und der Schwiegermutter völlig ausgeliefert ist. In den Städten, an den Universitäten, gibt es sicherlich ein anderes Frauenbild.

Zwischenzeitlich in Alt Goa angekommen, laufen wir zur Jesuiten Basilika Bom Jesus. Erbaut von 1594 bis 1605. Vergoldeter Hochaltar, die große Skulptur des Ordensgründers und der silberne Sarkophag des Heiligen Francisco de Xaver schmücken den Innenraum dieser mächtigen barocken Kirche. Interessant ist, dass etliche Gläubige, ganze Familien, sich im Hinblick auf Ostern in und vor der Kirche Tag und Nacht aufhalten. Weitere Kirchen – eine mit einer vergoldeten Glocke – bestimmen das weiträumige Bild von Alt Goa, das sonst nur noch aus Ruinen besteht. Zehn Kilometer weiter liegt Panaji, seit 1843 offizielle Metropole des Bundesstaates. Wir besuchen ein typisches portugiesisches Wohnviertel mit einem Wirrwarr aus bunten ziegelbedeckten Häusern mit blühenden Sträuchern, kleinen Vorgärten, eine Galerie moderner bildender Kunst. Saftige grüne Reisfelder auf der einen Seite, auf der anderen einsame Strände. Mein Bruder, der mit AIDA Goa besuchte, hatte mir empfohlen, ein Taxi für den ganzen Tag zu buchen. Das würde 50 Dollar kosten. Ein Berliner Ehepaar lernte ein Stück Goas mit dem Taxi kennen. Es sei eine sehr beeindruckende Fahrt gewesen, erzählten mir die Beiden und auch, dass der Taxifahrer sie anschließend zu sich nach Hause zum Tee einlud. Ihr Kommentar: »Wir wurden lieb und freundlich von der Frau und den sieben Kindern empfangen. Es muss wie ein Festtag für die Familie gewesen sein…« Frau S. bedauerte, dass sie kein

Geschenk für die Kinder dabei hatte. Es wäre ihr sehr peinlich gewesen. Eine Freundin meiner Tochter schwärmte von Goa, wenn die Sprache auf das Land kam. Sie durfte zu DDR-Zeiten einmal zu ihrer Tante nach Goa reisen und erzählte immer wieder von den Elefanten am Strand eines Fünf-Sterne-Hotels, die die Gäste mit ihrem Rüssel duschten. Auch wurde sie in einer von zwei Elefanten gehaltenen Hängematte sanft geschaukelt. Ob wahr oder erfunden. Auf alle Fälle fantasiebeflügelnd.

Eisbombe wie auf Traumschiff

Kleidungsvorschlag für den Abend: Festlich. Das bedeutet Abschiedsgala für all die Passagiere, die in Bombay von Bord gehen. Aber nicht nur für sie. Alle Gäste sind eingeladen. Nach dem festlichen Abendessen ertönt die spezielle Eisbombenmelodie. Die Bedienung, einschließlich einiger Konditoren, marschiert mit den von brennenden Wunderkerzen geschmückten Eisbomben durch das Restaurant. Wie auf dem Traumschiff. Für Filmer und Fotografen eine begehrte Kulisse. Es ist auch der Abschied von Kapitän Sergeiy Strusevych, der im feinsten Deutsch nicht nur Doswidanja, Tschüss und auf Wiedersehen sagt. Übrigens soll auf der »Astor«, die einst auch als Traumschiff Fernsehkarriere machte, das Eisbomben-Event erfunden worden sein. Wir zwei Weltreisenden schenken uns diese Gala. Wir gehen in den Überseeclub zur Abendmahlzeit.

Die Armut schaut aus vielen Ritzen

236 Seemeilen oder 437 Kilometer weiter liegt Mumbai, früher Bombay. Hier steigen, wie schon erwähnt, Passagiere aus,

fliegen nach Hause oder hängen ein paar Tage noch in einem Hotel dran. Andere steigen ein, wenige – das ist gut so für uns. Denn umso weniger Passagiere an Bord, umso gemütlicher ist es. Allerdings sieht es der Reeder lieber umgekehrt.

Unser Schiff macht in den Mittagsstunden des 12. März am Ballard-Pier fest. Hier wird Kohle verladen. Das ist nicht gerade einladend. Wieder Kontrollen – wie gehabt, an langer Tafel sitzen indische Polizisten. W. hatte im Bordfunk statt Gesichtskontrolle, Gewichtskontrolle verstanden. Natürlich sind im Zeitalter des Terrorismus Kontrollen nötig. Aber so wohl nicht.

Wir starten zu einer Panoramafahrt durch Mumbai, in der 15 Millionen Menschen leben sollen. Insgesamt gibt es in Indien über eine Milliarde Menschen. Die Fahrt führt uns vorbei am wohl prachtvollsten Bau Bombays, dem zum Unesco-Weltkulturerbe gehörenden Bahnhof. Hier gibt's einen Fotostopp. Einen weiteren an einer Aussichtsplattform und einen dritten an der Open-air-Wäscherei. Die englisch sprechende Dolmetscherin erzählt, dass an die 100 gewaschene und gebügelte Kleidungsstücke etwa acht Dollar kosten und diese Dienstleistung von allen Bevölkerungsschichten genutzt würde. Waschmaschinen seien zu teuer. Sie zeigt uns das teuerste und wohl auch komfortabelste Hochhaus der Stadt, das über drei Billion Rupien gekostet haben soll. Es gehört einem Ehepaar, das an die 400 Bedienstete hätte. Dazwischen guckt die Armut aus vielen Ritzen. Auf der Uferpromenade, von den Einheimischen »Marine Drive« genannt, sitzen Liebepaare, flanieren Menschen jeden Alters. Auf dem breiten Sandstrand ist kein Mensch zu sehen. Am Strand zu liegen, Ball zu spielen oder zu baden, das sei nicht erwünscht, meint sie. Wir passieren die Universität, einen Golfplatz, viele ärmliche Behausungen, hin und wieder ein Hochhaus, unansehnliche

Bürgerhäuser, Tempel, Hotels, suchen vergeblich den Charme, der eigentlich zu jeder Stadt gehört. Wir haben weder heilige Männer, Schlangenbeschwörer noch Astrologen gesehen, wie angekündigt. Nur Bettler. Wahrscheinlich hat uns die gleißende Sonne so geblendet, denn andere kommen bei dem Wort Indien total ins Schwärmen. Zum Beispiel meine Kosmetikerin in Leipzig. Sie war auf Ayurvedatrip, schwärmt von dieser Heilkunst, der indischen Lebensweise, den Ausflügen... In der Nacht vom 12. auf den 13. März verholt *das Schiff* an den Passagierkai.

Es steigen neue Gäste zu, andere aus. Durch die Unruhen im ägyptischen Raum haben wir wieder eine Routenänderung erhalten. Wir kommen nicht nach Saudi Arabien, auch nicht in den Jemen. Dafür ist jetzt Hurghada wieder im Programm, so wie ursprünglich vorgesehen. In Ägypten ist es ja wieder ruhiger geworden.

Knef und Tante Frieda

Zwei Tage dauert der Seeweg, ehe wir in Muscat/Oman festmachen sollen. Wir spielen wieder Shuffleboard. Unser Team gewinnt. Darauf stoßen wir mit Sekt an. In Sichtweite sitzt eine Frankfurterin, die ich wegen ihrer tollen Hüte bewundere. Sie muss mit einigen Hutschachteln angereist sein. Sicher hätte Schauspielerin Hildegard Knef ihre Freude an den Kopfbedeckungen gehabt. Ich hatte das Glück, diese großartige Schauspielerin zweimal in Leipzig zu interviewen. Einmal im Zusammenhang mit ihren Modeentwürfen, wozu auch Hüte gehörten. Dabei meinte sie: »Hut macht Dame.« Das ist in der Tat so. Den Hut, den mir die Knef schenkte, habe ich wenig getragen. W. meint, ich würde damit aussehen wie Tante Frieda.

Uns bleibt wirklich nichts erspart. Stürme im Atlantik, der Hafen von Caracas/Venezuela ist wegen einer Hochwasserkatastrophe gesperrt. Zyklon Nummer eins, nachdem wir die Fidschi-Inseln verlassen hatten. Windstärke 12, Ile des Pins – eine schöne Insel wird nicht angelaufen. Der Hafen von Neukaledonien ist bis zum Mittag gesperrt (dadurch nur kurzer Aufenthalt), Brisbane/Australien wegen Hochwasser gestrichen. Nach Cairns erleben wir die Ausläufer eines weiteren Zyklon mit Windstärke 12, durch Aufstände im arabischen Raum Routenänderungen, und jetzt liegen wir seit sieben Uhr vor dem Hafen von Muscat/Oman auf Reede und nichts tut sich. Es ist die kleinste Hauptstadt der Welt, so wird gesagt. Und da von Muscat geschwärmt wird, bin ich gespannt auf den Landgang. Dann die Meldung von der Brücke, dass Festmoker streiken und wir noch warten müssen. W. prophezeit, dass da demonstriert wird und wir gar nicht an Land kommen. So ist es auch. Die Kreuzfahrtdirektorin meldet sich zwar jede halbe Stunde über Bordfunk, aber ihr bleibt nur, uns zu beschwichtigen. Es tut sich nichts. Mittag nach 14 Uhr teilt sie schließlich mit, dass wir mit der Hauptstadt des Landes kein Glück haben und deshalb Salalah/Oman anlaufen. Das sind 1176 km oder 635 Seemeilen. Um die Passagiere bei Laune zu halten, steigt am Spätnachmittag eine Poolparty mit Bier und Sekt. Ich gehe am Seetag Seidenmalen, W. hört sich einen Vortrag über Hiob an, den der »neue« Bordpfarrer hält. Übrigens erhielten wir dieser Tage eine Mail vom »alten« Bordpfarrer und dessen Freund aus Berlin. Beide gingen bekanntlich in Hongkong von Bord. In der Mail steht unter anderem: »Nun sind wir schon Wochen wieder in Berlin, doch das Einleben nach 70 Seetagen fällt uns schwer. Über eine Woche stand mein großer Koffer im Flur. Er wurde zum Möbelstück, diente als Ablage für Zeitungen und Post. In Berlin am Flughafen wurden wir mit Sekt und Leckereien empfangen. Gottseidank, dass der Flughafen Mitternacht schloss. Wir gingen in die Oper, ins Konzert, organisierten ein großes Fest für 42 Personen, der Pfarrer hatte Gottesdienste und Orgelvespern an seiner Kirche – doch unsere Gedanken waren und sind noch immer auf dem Schiff...«

Weihrauch und Hiob

18. März

Wir liegen im Hafen von Salalah-Oman. Am Nachmittag wandeln wir auf Hiobs Spuren. Aron ist unser Reiseführer. Er stammt aus Indien, ist im Oman Saisonkraft. Ebenso wie Achmed, der Fahrer. Der ist Pakistani. »Ich entschuldige mich für mein kaputtes Deutsch«, erklärt Aron, hat damit die Lacher auf seiner Seite. Denn sein Deutsch ist sehr verständlich. Er hat es am Goetheinstitut gelernt. »Ich erzähle vom Oman. Es ist eine Monarchie. Hier herrscht ein Sultan. Im Oman gibt es eines der ältesten Bewässerungssysteme, das die Perser vor Christi entwickelten. Es sind durch Tunnel miteinander verbundene Steinschächte, die den Menschen das Wasser bringen und auch die Obstbäume (Aprikosen, Granatäpfel) versorgen. Die Omanis im Landesinneren sind zurückhaltend, die an der Küste aufgeschlossener. Das hängt mit Sindbad und den Seefahrern zusammen.« Aron unterbricht damit seinen Redefluss, bittet uns auszusteigen. Er lenkt unsere Aufmerksamkeit auf einen für unsere Augen verkümmerten Weihrauchbaum, aus dem, angeritzt, Harz fließt, das sich zu bernstein- oder goldfarbenen Klumpen verfestigt und dank des Ölgehalts leicht brennt. Ich lerne auch, dass Weihrauch ein königliches Geschenk ist, verarbeitet herrlich duftet und deshalb so wertvoll ist, weil die buschigen Bäume nur im Jemen, in Süd-Oman, also da, wo wir uns gerade befinden, und im Norden von Somalia gedeihen. Seit Jahrtausenden ist das Harz der größte Exportartikel der Provinz Dhofar mit ihrer Hauptstadt Salalah. Wieder im Mercedesbus, nimmt uns Aron weiter mit in die Geschichte des Omans. So erfahren wir, dass der heutige Sultan Kabus gegen seinen Vater Bin Said einen Aufstand führte, weil dieser nicht bereit war, Oman in die moderne Zeit zu führen. Bin Said – er ging ins Exil, starb auch da – habe als Kind und Jugendlicher in Indien die Engländer als Kolonialherren erlebt. Deshalb setzte er als Sultan in Oman auf Traditionen. Er habe verboten, dass seine Landsleute Brillen tragen, ein Radio oder ein Fahrrad besitzen… erklärt unser Reiseführer. Seit 40 Jahren herrsche nun Sultan Kabus, der von den Omanis geliebt würde, weil er einen gewissen Wohlstand brachte. Er entwickelte die Öl-förderung, dessen Export, forcierte Industrie, Landwirtschaft, öffnete die Tore für den Tourismus. Das Staatssäckel füllt sich. Die Omanis zahlen keine Steuern, erhalten kostenlose medizinische Betreuung. Sultan Kabus reformierte die Bildung, arme Leute erhielten vom Staat ein Haus… Und da wir gerade an der Küste mit einem herrlichen Strand entlang fahren, ohne eine Menschenseele zu sehen, meint Aron, Schwimmen im Meer ist verboten. Zu sehen sind auch nicht die Brandungsfontänen. Der dafür notwendige starke Wellengang macht gerade Pause. Also fahren wir an den Rand des Qara-Gebirges. Zur Pilgerstätte »Job's Tomb«. Das ist die Grabstätte Hiobs. Der Legende nach sollen hier die Gebeine von Hiob gefunden worden sein. Wer das Grab sehen möchte, muss die Schuhe ausziehen. Eine Frau fällt vor Schreck um, als sie die Betonstufen betritt, die auf 40 Grad in der Sonne aufgeheizt sind und die Fußsohlen nicht gerade streicheln. Am Grab von Hiob, nach dem die Hiobsbotschaften benannt sind, denke ich über ihn, der im Alten Testament verewigt ist, nach. Bekanntlich schloss der Teufel mit dem lieben Gott eine Wette ab, dass der an Schafen, Ziegen, Frauen, Kindern reiche Hiob Gott verfluchen werde, wenn er alles verliert. Hiob verlor alles. Der Teufel verlor seine Wette. Daraufhin meinte dieser, wenn Hiob sehr krank werde, wende sich Hiob bestimmt von Gott ab. Hiob wurde vom Hals bis zu den Füßen mit Geschwüren übersät, betete weiter zu Gott. Wieder hatte der Teufel verloren. Gott beschenkte Hiob reichlich, nicht nur mit materiellen Werten, sondern auch mit einem außergewöhnlich langen Leben. Ergreifende Geschichte, die noch während der Fahrt zum Sultanspalast in mir nachklingt.

Das Leben des mittlerweile 70jährigen Sultans Kabus und seiner Familie ist tabu, keiner wisse etwas darüber, und so kann der indische Reiseführer die Frage nach der Nachfolge natürlich nicht beantworten. Vom Palast sind lediglich die hohen Mauern zu sehen, die ihn umgeben. An einem Tor glänzt ein goldenes Sultanslogo. Nichts da vom Zauber des Orients angesichts der Moderne. Durch eine Tür der Stadtmauer geschlüpft, stehen wir zwischen weißen kleinen Häusern. Händler bieten ihre traditionellen Souvenirs an: Bestickte Kaftane, kleine Schminkdosen, Ketten, Krummdolche, Parfüms. Rosenwasser. Weihrauch und andere Düfte steigen in die Nase. Ich kaufe ein Kleid für zehn Dollar. Sicher hätte ich handeln sollen, aber der junge, sehr gepflegte Verkäufer macht auf mich einen so seriösen Eindruck, dass mir jegliches Handeln zuwider ist. Außerdem: Was sind zehn Dollar für ein farbenfreudiges Kleidungsstück mit einer breiten Stola. Schließlich wollen die Leute auch leben.

»Ich bin froh, das alles gesehen zu haben. Die bizarre Landschaft, der weite Blick über das felsige Hochland, die Oasen, das Leben und Treiben der Menschen, den orientalischen Charme…«, meint W., der wieder mal mit dem Kapitän auf der Brücke über die christliche Seefahrt, über Gott und die Welt schwatzt.

Pünktlich 18 Uhr verlässt »Astor« den Hafen von Salalah und nimmt Kurs auf das ägyptische Hurghada. Dazwischen liegen 1798 Seemeilen, das sind 3330 Kilometer, die wir auf dem Wasser dahinschaukeln. Genau in das Gebiet, in dem die Piraten ihr Unwesen treiben. Bewaffnete Marinesoldaten sind an Bord. Stacheldraht wurde achtern gezogen. Kriegsschiffe kreuzen unseren Weg. Und Delfine begleiten uns. Endlich mal ein Schauspiel der anderen Art. Ein wenig mulmig ist mir schon zumute, denke ich an die Piraten, daran, was wäre, würden sie an Bord kommen. Es werden zwar Späße gemacht, aber auch andere Passagiere haben Angst. Eine Frau meint zu mir, sie wisse nicht, wohin sie ihr Geld verstecken solle. »Haben Sie einen Tipp für mich?« Ich habe natürlich auch keinen. Quatsch ist natürlich, dass ich mir den Ohrensessel zurecht rücke, nachts aufs Wasser schaue. Aber ich denke mir, der Gefahr ins Auge zu blicken, ist mutiger, als sich in der Koje zu verstecken. Tagsüber bin ich hundemüde, kriege trotzdem kein Auge zu.

In der Nacht vom 20. zum 21. März hätte eine Passagierin beinahe einen Herzinfarkt erlitten, weil sie dachte, Piraten kapern das Schiff. Sie wohnt neben dem Lotsen Ein- und Ausstieg und das Schott beim Öffnen verursacht natürlich Lärm. Aber es waren nicht die Piraten, die ins Schiff kamen, sondern die jemenitischen Marinesoldaten verließen das Schiff. »Warum wurde uns das nicht gesagt?«, beklagt sich die Frau zu Recht. Die Piraten machten also einen Bogen um uns oder wir um sie. Nun sind wir im Roten Meer. Der Name soll sich aus den Blutalgen ableiten, die in dem stark salzhaltigen Wasser mitunter gesichtet werden. Auch hängt das wohl mit der biblischen Geschichte zusammen. Im Roten Meer gibt's keine Piraterie mehr. Wir können wieder ruhig schlafen. Der Concierge fragt nach unserem Interesse für die Maschine, er will zur Besichtigung einladen. Na mal sehen. Rica, die Ausflugsexpertin, bemüht sich, den Zuhörern interessante Details über Jerusalem und das Tote Meer nahe zu bringen. Es würde sich schon lohnen, diesen Landstrich mal mit eigenen Augen zu sehen. Wir buchen den Ausflug Jerusalem und Bethlehem, der am 27. März stattfinden soll.

Nicht Hurghada dafür Safaga

Am Nachmittag des 21. März habe ich in der Parfümerie einen Termin, um zu lernen, wie Make-up richtig aufgetragen wird. Ach ja, noch etwas: Nicht aufzufallen, ist das erste Gesetz des guten Tones. Das ist auf die Tischmanieren gemünzt. Denn eine Lektorin verdient sich damit ihre Mäuse, indem sie das den Passagieren beibringt. Erstaunlich viele haben sich im Restaurant versammelt, um der Dame zuzuhören. Richtig sitzen. Zwischen Lehne und Mensch darf nur eine Maus dazwischen passen. Zwischen Tisch und Mensch eine Katze. Guten Appetit oder Gesundheit zu sagen, wenn geniest wird, das sei passé. Ebenso Gläser zum Klingen zu bringen. Auch wissen wir jetzt, wie Messer und Gabel zu handhaben sind, dass das Weinglas am Stiel anzufassen ist, dass die Serviette mehr eine Dekofunktion hat, dass man sich am Buffet nicht vordrängelt, den Teller nicht überlädt, Kartoffeln nicht schneidet, den Kloß reißt und das Brot bricht – welch ein Glück, das zu wissen! Beim Makeup habe ich nichts dazu gelernt.

»Verehrte Passagiere, wir haben soeben von der Hafenbehörde in Hurghada die Mitteilung erhalten, dass im Hafen gebaut wird. Deshalb dürfen wir mit den Tenderbooten nicht anlegen. Aus diesem Grunde haben wir uns entschlossen, Safaga anzulaufen. Das ist ein bekannter Badeort, 60 Kilometer südlich von Hurghada am Roten Meer«, erklärt die Kreuzfahrtdirektorin über den Bordfunk. Dabei hatte ich mich auf Hurghada gefreut. Ob das stimmt mit dem Hafenbau? Bald nicht zu glauben. Aber was will man machen. Ich hatte in Hurghada Strandaufenthalt gebucht. Der ist nun auch für Safaga vorgesehen. Der Hafen von Safaga soll einer der ältesten Häfen des Roten Meeres sein. Während des zweiten Weltkrieges wurde er von den Alliierten genutzt. Ein Relikt aus dieser Zeit ist ein Wrack, das 1944 bei deutschen Fliegerangriffen versenkt wurde. Heute soll der Hafen Hauptstützpunkt der ägyptischen Marine sein.

Halbwüste und Luxus

Der Weg zum Hotel und damit zum Strand durch den kleinen Ort ist wenig malerisch. Halbwüste, Steine, öde Gegend, würde der Sachse sagen. Was ist an diesem Ort attraktiv? Ich kann es nicht erkennen. Nach 25 Minuten erreichen wir das Hotel, das vom Land her als solches gar nicht auszumachen ist. Plötzlich ist man von Luxus umgeben – Intercontinental, ein Hotelkomplex, der keine Wünsche offen lässt. Marmor, Bogengänge, überdimensionale Statuen, glasklares Wasser. Alles vom Feinsten. Selbst die Liegen am Strand. Die Sonne und der Wind scheinen wiedermal zu streiten, wer von beiden der stärkere ist. Ich glaube, der Wind gewinnt dieses Spiel. Schon im Namen des Ortes steckt ja das Wort Wind. Safa dscha bedeutet soviel wie: »Staubige Winde kommen.« Die waren schon da und sind auch Schuld daran, dass das Meerwasser bei 20 Grad nicht gerade zum Baden einlädt. Dennoch stürze ich mich zweimal in die Fluten in den knapp drei Stunden. Das Hotel sei nur zu 12 Prozent ausgelastet, erzählt der Portier, auch davon, dass bisher keiner der Angestellten entlassen wurde, die Zeit für die Renovierung genutzt werde, bis die richtige Saison anfängt. Ich wollte im Internet surfen, aber die Stunde 20 Dollar – nein danke. W. vergnügt sich vormittags allein an Bord.

»Mà s-salama«, das heißt auf deutsch »Auf Wiedersehen«.

Petra – eine Wunderwelt

Einst soll Aqaba ein verschlafenes Fischernest gewesen sein. Heute ist Aqaba eine einladende weiße Stadt, der einzige Seehafen Jordaniens. W. möchte unbedingt nach Petra, in die etwa 130 Kilometer nordöstliche gelegene Felsenstadt der Nabatäer. Ich war vor 14 Jahren in Petra, scheue die lange Busfahrt wegen meiner Hüfte. So gehen wir heute getrennte Wege. Mit dem Ehepaar von nebenan fahre ich in ein Schnorchelgebiet. Da ich keine Schnorchelausrüstung habe, es keine auszuleihen gibt, fahre ich in die Stadt zurück, pilgere durch die Ruinen der Mameluckenfestung, fühle mich um Jahrhunderte zurückversetzt in eine Welt des Orients, die sicher nicht so schön war, wie ich sie mir vorstelle mit einem hübschen Scheich, goldenen Sälen, bauchtanzenden Schönheiten, Kamelreiterspielen... Das Hupen der Autos holt mich in die Gegenwart zurück. Souvenirläden locken, aber ich besteige einen Bus, der mich zum Schiff zurückbringt. Ich mache mir einen Kaffee, lege mich in die Sonne, tauche ein in Stefan Zweigs Roman UNGEDULD DES HERZENS. Gegen Abend erscheint W. frohgemut und voller Eindrücke. Er erzählt: »Allein schon die Busfahrt ins Landesinnere bis auf 1900 Meter Höhe zwischen Sand-Steinwüste und Gebirgsstöcken ist faszinierend und die Reise wert.« In Petra stehen Kutschen für Besucher bereit, die den 45-minütigen bergab führenden Fußweg, teilweise über Geröll und Fels, scheuen. So wie ich. Also besteige ich solch ein Gefährt. Der Kutscher, der vor der Fahrt von mir schon 35 Dollar kassiert, treibt das Pferd an, so dass die Kutsche teilweise recht bedenklich nach rechts oder links ausschlägt. Ich halte mich krampfhaft fest, denke, na, wann schleudert es mich raus aus der Kutsche. Wirklich ein waghalsiges Unternehmen. Davon hatte der Reiseführer im Bus kein Sterbenswörtchen gesagt. War auch richtig so. Denn ob ich dann in die Kutsche eingestiegen wäre, ist fraglich. Der jordanische Reiseführer machte im Bus dafür Lust auf Petra, das 2000 Jahre alte Weltkulturerbe einer aus dem Gebirge herausgeschlagenen Metropole. Er berichtete vom Handelsweg, den die Nabatäer zwischen Ägypten, Arabien und Mesopotamien beherrschten, gab weitere geschichtliche Daten preis, die ungemein neugierig machten. Der Gebirgspass verengte sich immer mehr, und ich war alles andere als neugierig, denn das Geschaukle war unerträglich. Und dann ist es, als geht plötzlich eine Tür auf. Vor dir steht ein Palast mit Säulen, Skulpturen aus rosarotem Fels-Sandstein herausgehauen – es ist wie ein Wunder. Solch eine Baukunst vor 2000 Jahren ohne große Hilfsmittel – eine Meisterleistung, die ich kaum in Worte fassen kann. Theater für mehrere tausend Zuschauer, Königsgräber… Erste Blicke, weitere Schritte in eine vergangene und doch vor dir liegende Welt von unvergleichlicher Schönheit…«, redet sich W. fast in Rage und bemerkt weiter, dass am heutigen Tag der jordanische König seinen Besuch angesagt hatte und deshalb unter den Einheimischen große Aufregung herrschte. Er käme öfter mal zu Jordaniens größtem Touristenmagnet. Aber der König kam nicht.

Am nächsten Tag erfahren wir in den Nachrichten, dass es in der Hauptstadt Amman eine große Protestkundgebung gab.

Eigentlich steht für den heutigen Abend in Aqaba noch Eli-at/Israel auf dem Programm. Eliat liegt gegenüber von Aqa-ba. Luftlinie 10 Kilometer. Von 20.30 Uhr bis 2.30 Uhr in der Nacht hätten wir diese einzige Stelle Israels zum Roten Meer »unsicher« machen können. Aber... die Israelis gewäh-ren die Einfahrt erst dann, wenn wir 20 Seemeilen ins Rote Meer schippern, umkehren und Kurs auf Eliat nehmen. Welch Unfug – direkt rüberzufahren, das entspricht nicht den Vor-stellungen der Israelis. Also verlässt *das Schiff* die Bucht von Aqaba, fährt durch den Golf zurück ins Rote Meer Richtung Suezkanal.

Fototermin hinter der Hansebar für alle Weltreisenden. W. geht nicht mit. »Ich lege keinen Wert darauf«, sagt er und so gehe ich alleine los. Nach ein paar Minuten bin ich wieder da.

Lukullisches für Weltreisende

»Zum Ende unserer 124-tägigen gemeinsamen Reise um die Welt möchten wir Sie recht herzlich zu einem speziellen Abendessen einladen. Wir freuen uns auf Ihr Kommen am Freitag 25. März 2011 um 18.30 Uhr im Übersee-Club (Ein-gang Steuerbord).« Gehen wir da hin? Wir gehen, erfreuen uns am Anblick der Bedienung, die uns in arabischen, indischen, mexikanischen, russischen Gewändern mit einem Cocktail empfängt. Das Dreigestirn Kapitän Sergiy Strusevych, Hotel-direktor Larry Jackson, Kreuzfahrtdirektorin Silvia Ritter be-grüßen die Passagiere. Dann steigt das Gourmet-Dinner-Event erlesener Kreationen mit feinen Aromen aus der Internationa-len Küche. So steht es geschrieben und dazu wird jede ein-zelne Speise angesagt: AMUSE GUEUL: Schwarzwurzelmousse mit Graufrette-Kartoffel an Provence-Kräutercreme in Gour-

metlöffel. MITTELMEER: Gegrillte Jakobsmuscheln unter Ge-
müse-Gazpacho mit luftgetrocknetem Schinken Chip. ROTES
MEER: Cairina-Entenspieße mit Olivenbrot, Kichererbsenmus
und Knoblauch-Gurken-Joghurt. ATLANTIK: Frischer Loup de
mer mit Spinat und Brotsalat und Balsamico Linsen. GOLF VON
THAILAND: Rinderfiletwürfel aus dem Wok in Currysauce auf ge-
bratenem Brokoli. KARIBIK: Batida-Kokos-Schokoladenauflauf
mit Rumsauce und Passionsfruchteis. GETRÄNKE: Weisswein,
Quay Landing Chardonnay 2009 trocken – Australien. ROT-
WEIN: Fox Brook, Cabernet Sauvignon 2009, trocken, Kali-
fornien, Kaffee oder Tee und Süsse Gourmandise. Klingt gut
und schmeckt vorzüglich – dieses Menü ist kulinarischer Höhepunkt bester Qualität. Wir sind so aufgekratzt, dass wir uns die
russische Show noch einmal in der Lounge ansehen.

Anstelle von Israel die Bucht von Soudha

Aufruhr an Bord – die einen freut es, viele andere sind sau-
er. Nun wird mit Landgang in Israel auch nichts. Durch ein
Bombenattentat in Jerusalem wurde die Route geändert. Dabei
haben sich so viele auf Jerusalem und Bethlehem oder Massada
und das Tote Meer gefreut. Dafür ist jetzt Kreta – die Bucht
von Soudha – neu im Programm, und in Piräus liegen wir nicht
einen, sondern zwei Tage. Vor allem Passagiere, die in Bombay
aufstiegen, bis Venedig an Bord sind, beschweren sich bei der
Kreuzfahrtdirektorin über die zwei Tage Piräus, fragen, ob man
dafür nicht einen Tag Santorin oder eine andere Insel ins Kalkül
nehmen könne. Über 40 sind es, die diesen Wunsch in geballter
Form äußern. Die Kreuzfahrtdirektorin soll das mit eiserner Mie-
ne zur Kenntnis genommen und gesagt haben, dass sie das an
die Leitung nach Bremen weiter gebe. Natürlich passierte nichts.

Aber jetzt erst einmal zu Ägypten. Da schwirren Gedanken durch den Kopf wie das Weltwunder der Pyramiden von Gizeh, die großen Tempel von Luxor, die Wandmalereien der Grabstätte von Ramses dem III., Kleopatra, die Darstellung von Schreiberseelen mit faltigem Bauch im alten Ägypten. Dass diese Falten für Weisheit stehen und nicht für das Alter, wie Ägyptologen herausfanden, ist für mich ein Trost. Allerdings ein schwacher.

Und uralt ist auch der Suezkanal. Die wohl berühmteste Wasserstraße der Welt, die wir heute durchqueren. Es ist der 26. März.

Re, der Sonnengott zeigt sich von seiner besten Seite und wir von unserer neugierigen. Aufmerksam verfolgen wir den Vortrag des Lektors, der uns aus dem Bordfunk entgegenschallt. Zum Beispiel: Dass der erste Kanal zwischen dem Nildelta und dem Roten Meer bereits im 13. Jahrhundert v. Chr. gegraben wurde. Nicht sicher sei, ob das auf Anordnung des ägyptischen Herrschers Sethos I. oder Ramses II geschah. Durch die Wüste versandete der Kanal recht schnell, wurde von Zeit zu Zeit wieder ausgegraben. Schließlich soll er im 8. Jahrhundert nach Christus aufgegeben worden sein. Der französische Diplomat und Ingenieur Ferdinand Marie Vicomte de Lesseps konnte das Interesse des ägyptischen Vizekönigs Said Pascha wecken. Und so begann am 25. April 1859 die erneute Grabung. Am 17. November 1869 erneute feierliche Eröffnung. Übrigens nicht mit der Oper Aida, sondern mit der Oper Rigoletto. 1,5 Millionen Arbeiter schufteten unter extremen Bedingungen. 120.000 sollen allein der Cholera zum Opfer gefallen sein. Davon spricht heute keiner – wurde ihnen wenigstens ein Denkmal gewidmet? Eine völkerrechtliche Regelung von 1888 garantiert die freie Durchfahrt für alle Schiffe aller Nationen in Kriegs- und Friedenszeiten. Jedoch sorgten Kolonialinteressen immer wieder für Schlagzeilen. Die letzten waren der Sechs-Tage-Krieg von 1967. Acht Jahre war der Suezkanal durch versenkte Schiffe, die die Fahrrinnen blockierten, geschlossen. Der Kanal, der nun Ägypten gehört, ist 195 Kilometer lang, mindestens 160 Meter breit…

Wir gleiten im Konvoi langsam dahin. Steuerbord die Halbinsel Sinai, eine Wüstengegend, an deren Ufer hier und da noch immer verrottete Kriegsgeräte liegen. Backbord blühende Gärten, die Ausläufer des Nildeltas, große Städte wie Ismailia und Port Taufiq ziehen an uns vorüber. Wir sitzen auf unserer Terrasse. Zehn Stunden später ist Port Said in Sicht. Hätte *das Schiff* das Kap der Guten Hoffnung umrunden müssen, wären das einige tausend Kilometer und damit etliche Tage auf dem Wasser mehr gewesen. Die Durchfahrt durch den Suezkanal kostete die Reederei 172.000 US-Dollar. Das Mittelmeer ist erstaunlich freundlich. Die Wellen plätschern so dahin…

Plötzlich war W. weg

Die Bucht von Soudha und damit der Hafen an der Nordküste Kretas macht einen einladenden Eindruck. Umgeben von Bergen liegt vor uns ein kleines Städtchen mit Cafés, Tavernen, Souvenirshops, das in wenigen Minuten zu erreichen ist. Im 13. Jahrhundert wurde Soudha von den Venezianern als La Canea an der Stelle des antiken Kydonia gegründet. Für zwölf Stunden hat unser Schiff hier festgemacht. Es gibt einen Shuttlebus bis ins etwa sechs Kilometer entfernte Chania. Fünf Euro hin und zurück – das genehmigen wir uns. Man könnte auch mit den Öffentlichen für 1,30 Euro fahren, aber wir wählen die von Bord angebotene Variante.

Bis 1971 soll die Stadt der Verwaltungssitz von ganz Kreta gewesen sein. An einem von Palmen umgebenen Platz inmitten der Stadt steigen wir aus, laufen einfach den Leuten nach über die belebte Straße. Ich möchte gern einen Schaufensterbummel machen, aber mit einem Herrn der Schöpfung an der Seite ist es ein fast aussichtsloses Unternehmen. Ich verfrachte W. auf eine Bank, bitte ihn, ein paar Minuten zu warten. Ich will nur mal eine der zahlreichen Straßen entlang laufen, um mir die Geschäftsauslagen anzuschauen, sage ich zu ihm. Schuhe, Kleider, Gemälde, Ketten, Armbänder, Gemüse… Allerdings ist alles teurer als bei uns, stelle ich fest. Nach zehn Minuten komme ich wieder zu der Bank. Kein W. mehr da. Mehrere Male laufe ich um den kleinen Platz. Plötzlich sehe ich einen Mann mit weißen Haaren und dunklem Pullover. Da ist er ja. Nein, das ist er nicht. Ich bin der Verzweiflung nahe. Mir stehen Tränen in den Augen. Ein älterer Herr ergreift meine Hand, streichelt mir über den Kopf – es wird alles gut, versucht er mich zu trösten. Ich renne zu dem Punkt zurück, an dem wir aus dem Bus ausgestiegen sind – und wer geistert dort herum? W.:»Ich wollte doch nur mal sehen, wo der Bus wieder abfährt«, erklärt er – der sonst stundenlang an einem Fleck sitzen kann. So ist das mit den Männern. »Drei Kilometer lang ist die Stadtmauer aus dem 16. Jahrhundert, die die Altstadt von Chania umgibt«, bemüht sich ein mit auf der Bank sitzender Grieche uns seine Heimat näher zu bringen. »Im 2. Weltkrieg wurde die Stadt stark in Mitleidenschaft gezogen«, erzählt er weiter, auch, dass er als Partisan gegen die Deutschen, die seine Heimat besetzten, gekämpft hat. »Darauf bin ich noch heute stolz«, sagt der alte Mann.

293 Kilometer oder 158 Seemeilen liegen zwischen Soudha und Piräus. Wir werden nicht mit weißen Rosen in Athen empfangen, obwohl das durchaus hätte sein können in dieser frühlingshaften geschichtsträchtigen Stadt der sieben Hügel. Die Akropolis, die im 5. Jahrhundert vor Christi entstand, schenken wir uns. Mindestens fünf Mal sind wir bereits auf ihr herumgeklettert, haben die 200 Stufen bewältigt, um auf dem Boden des antiken Athens zu stehen. Dafür besuchen wir das neue Akropolis-Museum zu Fuß der Akropolis. Nicht weit davon lockt das traditionsträchtige Panathinaiko-Stadion. Hier sollen, veranstaltet von Kaiser Hadrian, im 2. Jahrhundert nach Christus Gladiatorenkämpfe stattgefunden haben. Und auch die ersten Olympischen Spiele 1896.

Da wir zwei Tage im Hafen von Piräus ankern, dem Tor zu Athen, machen wir uns auf den Weg. Wir besteigen eine kleine Bimmelbahn, zahlen je fünf Euro und tuckeln zwischen Autos und Motorrädern am Archäologischen Museum von Piräus vorbei, das eine hohle Apollostatue aus dem Jahre 520 vor Christus besitzt, kommen zum Marinemuseum, in dem die Geschichte der griechischen Seefahrer erzählt wird, schauen zu den weißen Jachten, die den Hafen zieren und frieren. Es regnet. W. versucht, die Schutzbahnen herunter zu lassen. Die Haken sitzen zu fest. Der Fahrer hält an, steigt aus, und wir sitzen im Trokkenen. Erstaunlich ist für uns, dass die Straßencafes am Tag nur von Männern bevölkert werden. Sie sitzen, spielen, trinken, reden… Wir steigen Stufen hinauf zu einer Kirche, hängen unseren Gedanken nach, fragen, was wird uns in Leipzig erwarten?

Das möchte Kerstin Decker von der LVZ auch wissen und bittet mich, mit den drei Leipziger Besatzungsmitgliedern darüber zu sprechen. Mit Markus, Rica und Nicol, sie avancierte auf der

Reise von der Stewardess zur Assistentin des Maitre d'Hotel. Ich fotografiere die Drei, rede mit ihnen, und schon am nächsten Tag steht es in Leipzig in der Zeitung. Kerstin schickte Foto und Text als Beleg. Mich freut, dass ich mich fürs Seidenmalen begeistern konnte, allerhand Farben auf die Schals, Tücher und Krawatten brachte. Erstaunlich, wie talentiert manche sind. Sogar Männer machten mit. Zum Abschluss gibt es eine kleine Rede, ein Gläschen Sekt. Die Kursleiterin schwelgt in ihrem Erfolg. Kann sie auch. Einer der Männer meinte zu mir, er wisse nicht, was er mit den Tüchern und Schals machen solle. Seine Frau, die daheim auf den Hund aufpasst, hätte von seinen letzten Tüchern noch nicht eins benutzt. Armer Mann.

Mit einer Träne im Knopfloch Koffer packen

Nun haben wir schon Dubrovnik/Kroation verlassen. Nur ein paar Stunden machten wir hier Station. Zwischen bebauten Hügeln und der blauen Adria lag unser Schiff. Eine Bilderbuchkulisse, die Perle der Adria. Gassen, Paläste, Kirchen bestimmen das Gesicht der autolosen Altstadt. Eindrucksvollstes Gebäude: der Rektorenpalast, heute ein Museum. Sehenswert auch eine der ältesten Apotheken Europas aus dem Jahre 1317. Zeit braucht man, um all die Schönheiten zu erfassen. Aber die ist zu knapp. Uns bleibt nur eine Stippvisite und der Wunsch, noch einmal in dieses Mittelalter einzutauchen. Das Galaessen ist auch Geschichte. Der Kapitän hat nach fünf Monaten Fahrenszeit sein Amt einem anderen übergeben. Er geht in den Urlaub, und wir fahren von Venedig nach Hause. Mit einer Träne im Knopfloch packe ich die Koffer. W. tat das schon vor Tagen. Ein wenig traurig bin ich, W. ist's auch, dass die Weltreise nun zu Ende geht.

Da fällt mir nur Rainer Maria Rilke ein, der den Abschied in folgende Worte fasste: »Irgendwo blüht die Blume des Abschieds und streut immerfort Blütenstaub, den wir atmen, herüber – auch noch im kommendsten Wind atmen wir Abschied.«

Wir waren 124 Tage unterwegs. Von Nizza bis Venedig. Dazwischen lagen Borderlebnisse der Extraklasse, Reiseziele, die die Fantasie beflügeln, Abenteuerlust und Sehnsucht nach fernen Zielen erfüllen. Die Welt an Bord eines Luxusliners ist eine Sinfonie geistiger und lukullischer Freuden, manchmal auch Leiden. Sie gehören zusammen wie Sonne und Regen. Die Welt an Bord eines schwimmenden Hotels kann die Seele aufmuntern, dem Herzen neue Kraft verleihen, neue Lebensgefühle vermitteln. Eine ganze Crew tritt dafür an. Vom Kapitän bis zur untersten Charge. Für uns war jeder Tag ein schöner Tag. Ein Tag, angefüllt mit vielschichtigen Emotionen, mit bleibenden Erinnerungen. 124 Tage – das sind 32.280 Seemeilen oder 59.783 Kilometer, die wir auf Großer Fahrt waren. 124 Tage, die unsere Sicht auf die Welt erweitert haben.

Friedrich Nietzsche, der große Philosoph, sah das so:

»Dorthin – will ich; und ich traue mir fortan und meinem Griff.
Offen liegt das Meer, ins Blaue treibt mein Genueser Schiff.
Alles glänzt mir neu und neuer, Mittag schläft auf Raum und Zeit -
nur dein Auge – ungeheuer blickt mich's an, Unendlichkeit.«